POCHE

ESCAPE GAME

W0250905

La malédiction de Toutankhamon

Direction de la publication : Carine Girac-Marinier
Édition : Ella-Meï Tabernero Chaudet
Direction artistique : Uli Meindl
Conception graphique : Sophie Rivoire
Mise en page : SKGD-Création
Lecture-correction : Sophie Petitprêtre
Fabrication : Axelle Hosten
Illustrations : © Shutterstock, © AdobeStock

© Éditions Larousse 2022
21, rue du Montparnasse
75283 Paris Cedex 06

ISBN : 978-2-03-601422-0

Toute reproduction ou représentation intégrale ou partielle, par quelque procédé que ce soit, du texte et/ou de la nomenclature contenus dans le présent ouvrage, et qui sont la propriété de l'Éditeur, est strictement interdite.

Conforme à la loi n° 49-956 du 16 juillet 1949 sur les publications destinées à la jeunesse, modifiée par la loi n° 2011-525 du 17 mai 2011.

POCHE

ESCAPE GAME

La malédiction de Toutankhamon

Valérie Cluzel

LAROUSSE

BIENVENUE EN 1922 !

Dans ce livre, tu incarnes un jeune Anglais, étudiant en égyptologie et apprenti de l'égyptologue Howard Carter. Vous avez tous deux prévu de partir en Égypte, à la recherche du tombeau d'un pharaon mort très jeune : Toutankhamon.

Cet escape book te propose de revivre cette incroyable découverte archéologique, l'une des plus impressionnantes de l'histoire ! Mais tu devras également affronter la colère du pharaon, furieux que tu aies interrompu son repos éternel. Enfermé dans son tombeau, tu devras résoudre toutes les énigmes pour conjurer le sort et t'échapper !

En pratique, ce livre contient un jeu par page et les solutions sont à la fin, à partir de la page 115.

Les jeux peuvent être résolus indépendamment les uns des autres, mais ils ont été pensés pour être joués dans l'ordre afin de suivre le déroulé de l'histoire.

Si tu te sens prêt à affronter le pharaon Toutankhamon, commence ta lecture à la page suivante.

BONNE CHANCE !

Ton aventure commence en Angleterre, où tu viens de terminer une année scolaire. Tu t'apprêtes à rejoindre l'égyptologue Howard Carter en Égypte pour devenir son assistant.

Retrouve tout l'équipement dont tu auras besoin dans cette grille. Aide-toi de la liste pour ne rien oublier ! Les mots peuvent apparaître à la verticale, à l'horizontale ou en diagonale, à l'endroit ou à l'envers.

S	F	C	È	P	H	E	Z	D	B	Z	J	Q	O
E	L	O	R	E	S	S	A	C	B	C	J	É	V
T	L	V	G	X	T	F	K	G	F	E	C	L	A
T	D	Y	I	A	G	M	A	T	E	L	A	S	Y
E	L	G	J	T	S	U	W	M	B	M	X	K	È
M	C	O	A	C	R	S	L	N	P	S	P	T	F
U	D	U	P	A	X	E	I	E	T	U	B	E	J
L	P	R	I	S	D	L	P	E	A	A	B	N	I
L	F	D	E	L	G	V	V	Q	T	E	B	T	T
A	K	E	É	J	L	U	B	D	N	T	Q	E	S
Z	F	O	N	A	D	È	C	A	Z	U	E	T	R
V	S	Q	I	V	S	U	R	I	X	O	N	B	V
E	L	O	S	S	U	O	B	E	L	C	S	I	Z
D	T	Z	I	E	J	A	K	B	E	S	A	C	E

ALLUMETTES	BOUSSOLE	CUILLÈRE	LAMPE
ASSIETTE	CASSEROLE	DUVET	MATELAS
BESACE	COUTEAU	GOURDE	TENTE

Tes bagages sont prêts. Dans sa lettre, monsieur Carter t'a dit que tu partirais pour l'Égypte avec son mécène, l'homme qui lui fournit l'argent nécessaire pour réaliser des fouilles. Howard t'a donné une anagramme du vrai nom de cet homme mystérieux.

Change l'ordre des lettres pour former le vrai nom de l'homme. Indice : son nom de famille est aussi un prénom, qui se lit aussi bien en français qu'en anglais.

Roger Gheberte

George Herbert

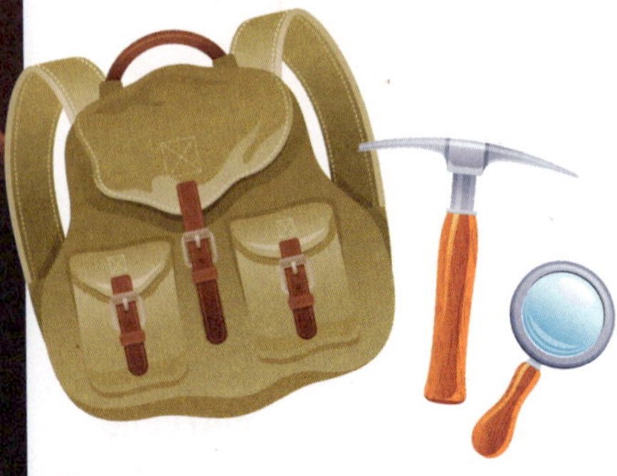

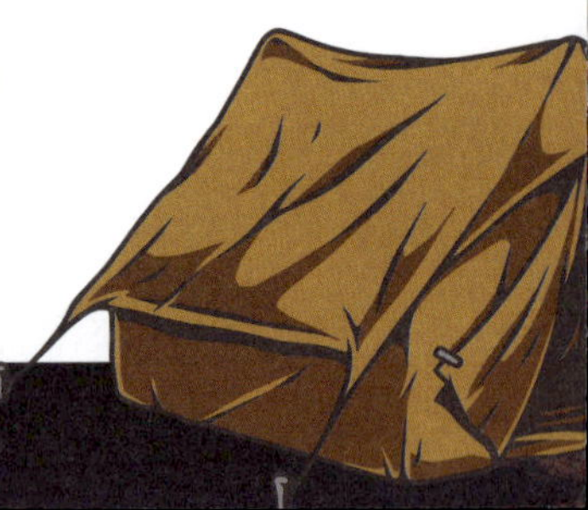

Monsieur Carter t'a également donné des indications pour trouver la maison dans laquelle tu as rendez-vous avec son mécène.

Lis-les attentivement et procède par élimination pour trouver la bonne maison.

- La maison du rendez-vous a des fenêtres, mais pas plus de trois ;
- elle a au moins deux toits, qui ne sont pas en ardoise ;
- elle n'est pas en forme de U.

George Herbert, plus souvent appelé Lord Carnarvon, t'accueille. Il est enchanté que tu participes à l'expédition. Il est lui aussi un grand passionné d'archéologie et voyage régulièrement en Égypte.

Essaie de deviner depuis combien d'années Lord Carnarvon fait des fouilles dans le pays des pharaons en complétant cette grille de sorte que la somme de chaque ligne, colonne ou diagonale soit égale à 15.

			=15
2	7	6	=15
9	5	1	=15
4	3	8	=15
=15	=15	=15	=15

19 ANS

Lord Carnarvon et toi partez dès le lendemain pour l'Égypte. Le voyage se déroule sans accrocs et l'homme t'apprend beaucoup de choses sur ce pays.

En t'aidant des dessins, relie chaque site archéologique de la liste au lieu auquel il correspond sur la carte.

Les deux colosses de Memnon

L'Allée des sphinx

Le temple d'Isis sur l'île d'Aguilkia

Le temple de Karnak

Le temple d'Abou-Simbel et ses quatre statues de Ramsès II

La pyramide de Kheops

Lord Carnarvon t'explique que vous avez rendez-vous avec Howard Carter dans la Vallée des Rois, tout près des colosses de Memnon. Sur place, vous devez encore trouver près de quel tombeau se trouve l'égyptologue.

Lord Carnarvon te montre un télégramme de Carter. Qu'a-t-il essayé de vous dire ?

Howard Carter est enchanté de vous voir enfin. Il vous explique toutes ses découvertes, mais un peu dans le désordre et tu as du mal à suivre.

Recompose ce puzzle pour avoir toute l'histoire dans le bon ordre.

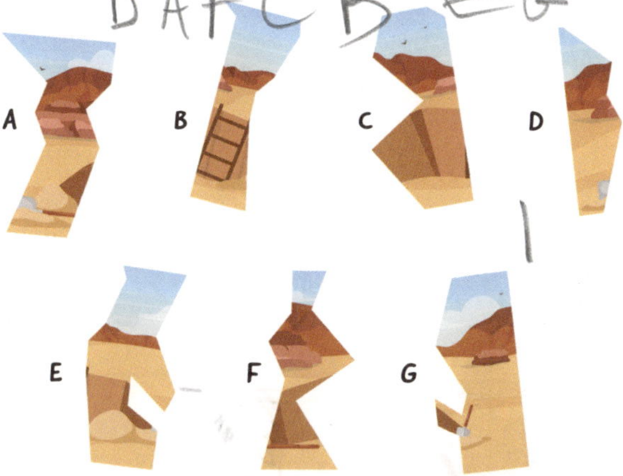

A. J'ai ensuite découvert des sceaux* de ce pharaon jusqu'alors inconnu des historiens.

D. J'ai d'abord retrouvé une jarre au nom de Toutankhamon dans la Vallée des Rois.

B. Ce dernier a voulu changer les pratiques religieuses de l'Égypte durant son règne.

E. Depuis ma découverte de ses sceaux, je cherche donc le tombeau de Toutankhamon.

C. Toutankhamon était le fils du pharaon « hérétique* » Akhenaton.

F. En effet, le nom de Toutankhamon a été effacé des listes des pharaons.

G. Cela fait déjà cinq ans et je n'ai toujours rien trouvé, mais je ne désespère pas.

* Sceau : objet sur lequel sont gravés en creux un ou plusieurs symboles à l'effigie d'un pharaon. Son empreinte était appliquée sur des objets pour les identifier.

* Hérétique : qui exprime une manière de penser contraire aux idées émises par une religion.

Lord Carnarvon n'a pas l'air content d'entendre ces nouvelles. Monsieur Carter te demande de reproduire les sceaux de Toutankhamon pendant qu'il discute avec son mécène.

Reproduis ce dessin dans la grande grille en t'aidant de la plus petite.

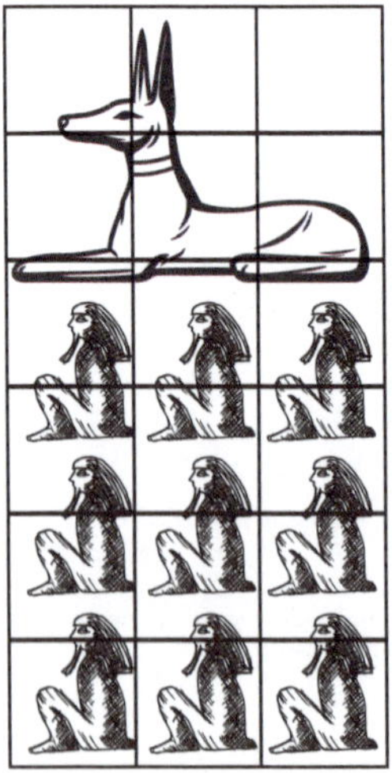

Quelques semaines plus tard, Lord Carnarvon demande à Howard Carter d'abandonner ses fouilles. Heureusement, l'égyptologue réussit à le convaincre de lui laisser encore un an et le mécène repart en Angleterre. Vous n'êtes donc plus que tous les deux, accompagnés de nombreux ouvriers égyptiens.

Complète cette pyramide pour savoir combien d'ouvriers travaillent avec vous chaque jour.

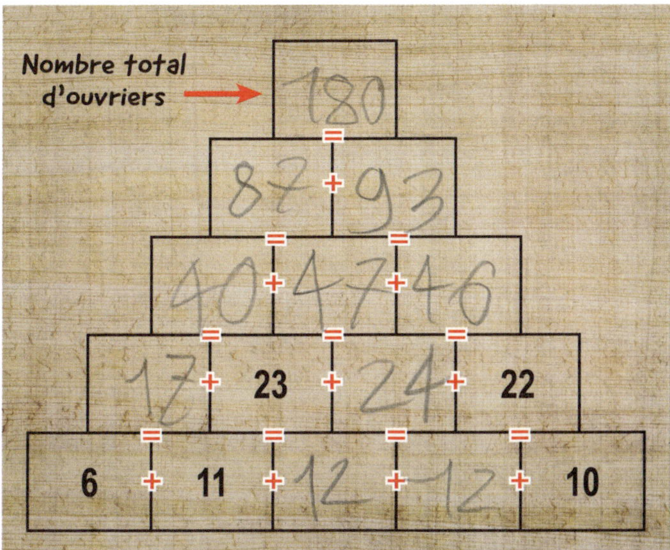

Cela fait maintenant des mois que tu travailles aux côtés de monsieur Carter. Vous n'avez toujours trouvé aucune trace du tombeau de Toutankhamon et tu commences à désespérer. Pour te remonter le moral, Howard te donne souvent des devinettes.

Essaie de trouver la réponse à chacune d'entre elles.

A. En Égypte, je suis du bleu qui permet
au vert de prendre place au milieu du jaune.
Qui suis-je ?

Réponse : Le NIL

B. Je suis le dieu protecteur du ciel et des pharaons.
Je suis le fils d'Osiris et d'Isis, et mon rival est Seth.
J'ai une tête de faucon.
Qui suis-je ?

Réponse : HORUS

C. Mon premier est le contraire de rien.
Mon deuxième est découpé en années,
en heures, en secondes...
Mon troisième est la 11e lettre de l'alphabet.
Mon quatrième est un sommet.
Toi et moi allons trouver mon tout !

Réponse : TOUTANKHAMON

En ce matin du 4 novembre 1922, tu te dis qu'il serait peut-être temps d'abandonner le chantier. Soudain, l'un de vos jeunes ouvriers arrive en courant. Il essaie de t'expliquer quelque chose, mais il parle trop vite.

Ne lis qu'une lettre sur deux du discours de l'ouvrier pour comprendre ce qu'il te dit.

Monsieur Carter et toi arrivez en même temps sur le lieu de la découverte. Les ouvriers ont déjà dégagé trois marches. Howard te demande de calculer le nombre d'allers-retours à faire avec des brouettes pour retirer le sable et la terre qui restent.

Aide-toi des indications et du schéma pour calculer de combien de brouettes tu auras besoin pour dégager le sable et la terre des marches encore enfouies.

- Pour dégager la première marche, deux brouettes ont été nécessaires.
- Toutes les marches font exactement la même taille.
- Il y a encore quatre marches à dégager.

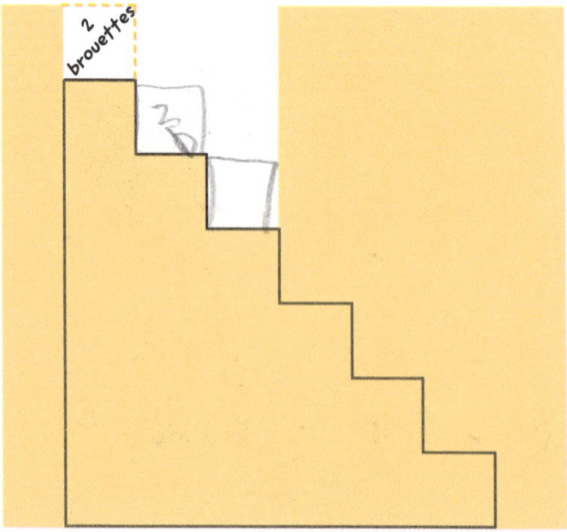

En sachant que vous avez cinq brouettes en tout, combien d'allers-retours seront nécessaires en moyenne ?

.............................9.............................

Quand les ouvriers ont enfin terminé de dégager la dernière marche, Howard Carter et toi en restez sans voix. Devant vous se tient une porte verrouillée par un sceau encore intact. L'égyptologue te demande si tu sais ce que ces hiéroglyphes signifient.

Pour répondre à monsieur Carter, décode la phrase suivante en t'aidant de tes connaissances.

PERSONNE N'EST JAMAIS

ENTRE DANS CETTE TOMBE

Howard Carter a envoyé un télégramme à Lord Carnarvon afin qu'il assiste à l'ouverture de la porte. Les journées passées à l'attendre te paraissent interminables. Vous jouez beaucoup aux dames pour vous distraire.

C'est à ton tour de jouer avec les pions blancs. Aide-toi du rappel des règles pour faucher trois pions d'un coup à monsieur Carter.

<u>Règles du jeu</u>

Les pions avancent toujours en diagonale d'une seule case et ne peuvent pas reculer. Exception : quand il prend un ou des pions à son adversaire, un pion doit toujours le faire en diagonale, mais il peut aussi reculer et prendre autant de pions que possible. Pour capturer un pion, il faut passer au-dessus de lui, comme ceci.

Le 23 novembre, Lord Carnarvon arrive enfin. Derrière la première porte se cache un couloir que vous mettez trois jours à dégager. Lorsque Howard Carter perce un trou dans le mur d'une nouvelle porte, Lord Carnarvon lui demande ce qu'il voit. L'égyptologue lui répond par deux mots étranges.

Recopie le premier mot au-dessus de la ligne rouge et le deuxième sous la ligne pour comprendre ce qu'ils signifient.

JVIUEUUD'R EOSNLERO

JE VOIS UNE LUEUR D'OR

L'égyptologue vous explique qu'il a vu une quantité de trésors plus incroyables les uns que les autres. Il les a ensuite dessinés pour que vous puissiez voir à quoi ils ressemblent.

Cherche et trouve dans cette scène tous les objets de la liste.

- [x] 2 roues de char
- [x] 6 jarres
- [x] 1 petit coffre en or
- [x] 1 fauteuil bleu
- [x] 1 statue d'Anubis

Avant d'aller plus loin dans vos découvertes, vous appelez l'inspecteur des antiquités pour qu'il puisse attester que le tombeau est intact. Howard Carter t'a demandé de lui envoyer un message codé.

Utilise ces schémas pour dessiner le message. Le premier mot a déjà été codé pour t'aider.

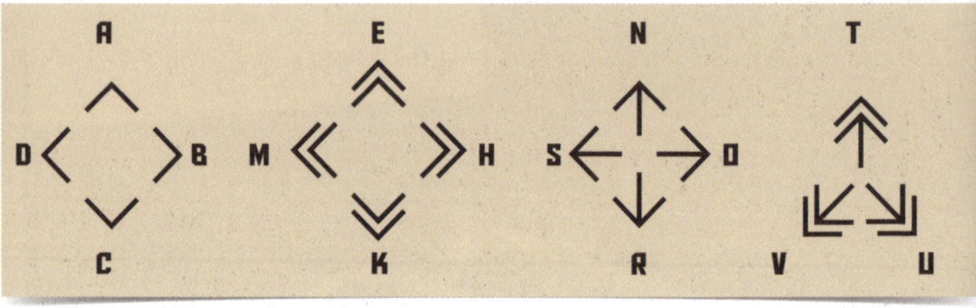

A V O N S

D E C O U V E R T

T O M B E A U

T O U T A N K H A M O N

L'inspecteur, qui est très occupé, vous donne rendez-vous dans plusieurs mois. Lord Carnarvon décide donc de retourner en Angleterre en attendant. Maintenant que vous savez où se trouve le tombeau, Howard Carter ne garde qu'un dixième des ouvriers. Il te demande de vérifier chaque jour que ceux qui restent sont bien tous là.

Sers-toi de la solution de la page 13 pour savoir combien représente un dixième des ouvriers, puis compte-les pour vérifier qu'ils sont bien tous sur cette page.

Quelques semaines plus tard, on vous apprend une triste nouvelle : Lord Carnarvon vient de mourir. De santé fragile, il semblerait qu'il ait été tué par une simple piqûre de moustique. Ce soir-là, l'un de vos ouvriers te remet ce papier.

Observe attentivement ces dessins et ces définitions pour découvrir la phrase qu'ils cachent.

(1) | **1** au féminin | (2)

(3) ~~Fl~~exion

(1) Troisième lettre de l'alphabet

(2) Contraire de « bien »

(3) « D » prononcé à l'anglaise

C'est une malédiscion

....

Pendant les semaines qui suivent, vous apprenez la mort de plusieurs ouvriers qui vous avaient accompagnés dans le tombeau de Toutankhamon. Serait-ce une malédiction ? Pour te changer les idées, tu révises tes connaissances sur les dieux égyptiens.

Relie chaque description à l'image du dieu qui correspond.

A. Il est le dieu des funérailles. C'est lui qui fait entrer les défunts dans le monde des morts. Il est parfois représenté sous la forme d'un chacal allongé.

B. Cette reine et déesse est souvent représentée avec un trône sur la tête, mais elle peut aussi porter des ailes en signe de protection. Elle est la sœur d'Osiris et la mère d'Horus.

C. Ce dieu est le père d'Horus, frère d'Isis et de Seth. Il est représenté en partie momifié, car il était mort avant qu'Isis ne le ramène à la vie.

D. Cette déesse est la fille de Rê, le dieu-soleil, c'est pourquoi elle peut être représentée avec un disque solaire sur la tête. Elle est aussi une déesse de la maternité.

E. Ce dieu de la tempête et de la discorde est l'oncle d'Horus, mais aussi son ennemi juré. On le différencie physiquement d'Anubis grâce à ses oreilles carrées.

Au bout de quelques semaines, monsieur Carter ne supporte plus cette longue attente. Un soir, il te demande de le suivre. Vous vous engagez tous les deux dans les escaliers qui descendent vers le tombeau. Sur le mur dans lequel vous aviez fait un trou, tu remarques des inscriptions.

Décode-les vite pour savoir ce qui vous attend.

A = 1, B = 2...

13-1-12-8-5-21-18 1 3-5-12-21-9

MALHER A CELUI

17-21-9 20-18-15-21-2-12-5-18-1

QUI TROUBLERA

12-5 18-5-16-15-19 4-21 16-8-1-18-1-15-14

LE REPOS DU PHARAON

Ce message te donne froid dans le dos, mais Carter t'assure que cette inscription ne servait qu'à faire peur aux pilleurs de tombes. Sans attendre ta réaction, l'égyptologue donne un grand coup de marteau dans le mur. Un souffle glacé s'échappe alors du trou. Toutes les torches du couloir s'éteignent.

Vous voilà plongés dans le noir, silencieux et pétrifiés de terreur. Quelques secondes plus tard, vous entendez comme un craquement au-dessus de vos têtes, puis les murs se mettent à trembler et vous entendez des pierres rouler dans les escaliers. Howard Carter t'attrape le bras dans le noir et te plaque contre le mur. Tu fermes instinctivement les yeux. Quand tu les rouvres, vous êtes toujours plongés dans le noir et tu sens que des pierres ont roulé jusqu'à vos pieds. L'égyptologue te glisse à l'oreille qu'il pense avoir attisé la colère du pharaon.

Monsieur Carter te demande d'allumer la lampe à huile qui se trouve dans ton sac. Dans le noir, tu as un peu de mal à te souvenir dans quel sens tourner les boutons qui permettent de régler la hauteur de la mèche.

Aide-toi de la flèche donnée au début de chaque ligne, qui indique le sens dans lequel tourne le premier rouage, pour déterminer logiquement dans quel sens tourne le rouage en bout de ligne.

A

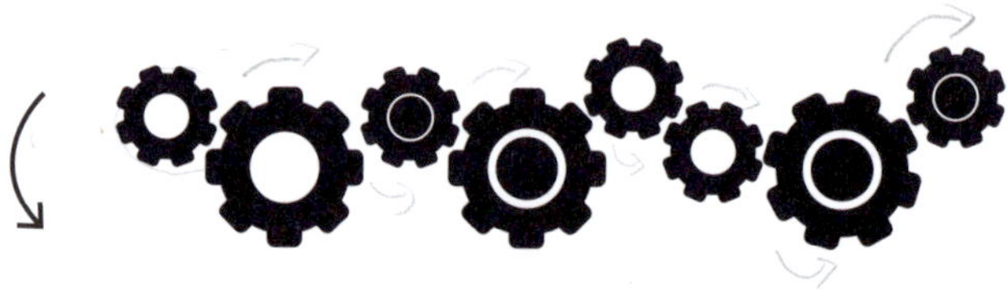

B

C

Ta lampe s'allume et vous êtes catastrophés par ce que vous voyez. Il y a eu un éboulement dans les escaliers et vous êtes enfermés dans le tombeau ! Howard Carter, qui garde son calme, te demande de l'aider à déplacer des pierres.

Trouve le ou les bons signes à ajouter sur chaque ligne pour que les résultats soient corrects.

A

57 ..... 71 = 128

B

8 ..... 4 ..... 6 = 26

C

54 ..... 9 ..... 24 = 30

Au bout d'une vingtaine de minutes, vous finissez par abandonner. Les pierres sont trop lourdes, vous n'y arriverez jamais ! L'égyptologue regarde sa montre. Tous les ouvriers doivent déjà être couchés.

À l'aide des indications, calcule dans combien de temps les ouvriers reviendront près du tombeau.

- Les ouvriers mettent 30 minutes à se préparer le matin.
- Ils doivent marcher 9 minutes pour rejoindre le tombeau.

Heure de réveil des ouvriers

Heure actuelle

Calcul :

10 h 12 min 20 sec
+ 8 h 33 min 0 sec
6 h 45 min 20 sec

8 h 33 min 0 sec
+ 39 min
9 h 12 min 0 sec

Monsieur Carter refuse de se laisser abattre. Quitte à être coincés ici, autant ouvrir le tombeau et découvrir ce qu'il renferme. Tu n'es pas très emballé par cette idée au début, puis ta curiosité te pousse à accepter.

Pour casser complètement le mur qui permet d'accéder à la première salle, tu dois donner des coups sur huit fissures. Repère-les toutes dans cette grille, sachant que deux fissures ne peuvent se toucher qu'en diagonale et que les chiffres en haut et à gauche te donnent le nombre de fissures sur chaque ligne et colonne.

	2	1	3	0	2
3					
1					
1					
0					
3					

Indice : Commence par barrer les lignes et colonnes à 0, puis place les fissures là où il y en a 3.

Une fois à l'intérieur, vous découvrez une multitude de trésors plus incroyables les uns que les autres, ainsi que des objets du quotidien. Howard Carter est émerveillé : ces objets peuvent aider à en apprendre plus sur la vie des Égyptiens durant l'Antiquité. Il te demande de les répertorier.

Aide-toi des images de la page de droite pour compléter cette grande grille de mots croisés.

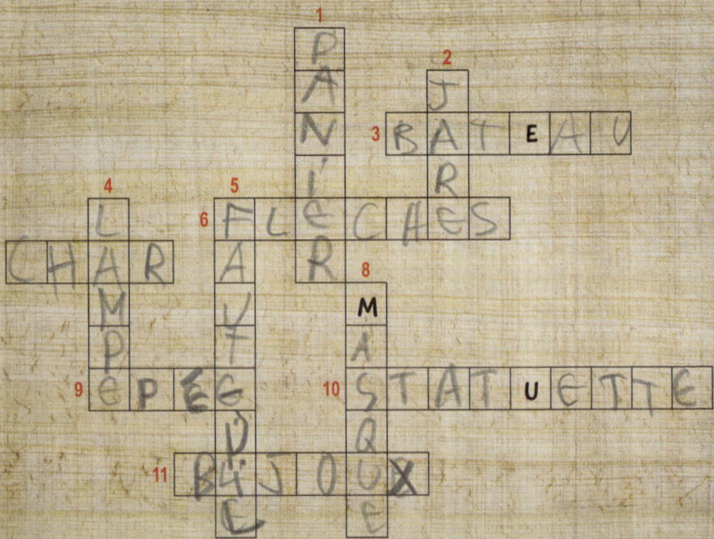

1
6
7
3
5
11
8
4
2
9
10

Au fond à droite, tu remarques deux statues représentant des gardes. Tu t'en approches doucement, tandis que Carter observe le contenu d'un coffret. Sur le mur entre les deux gardes, tu découvres de drôles de symboles.

Aide-toi de la légende pour trouver un code de quatre couleurs, sachant qu'elles sont toutes différentes.

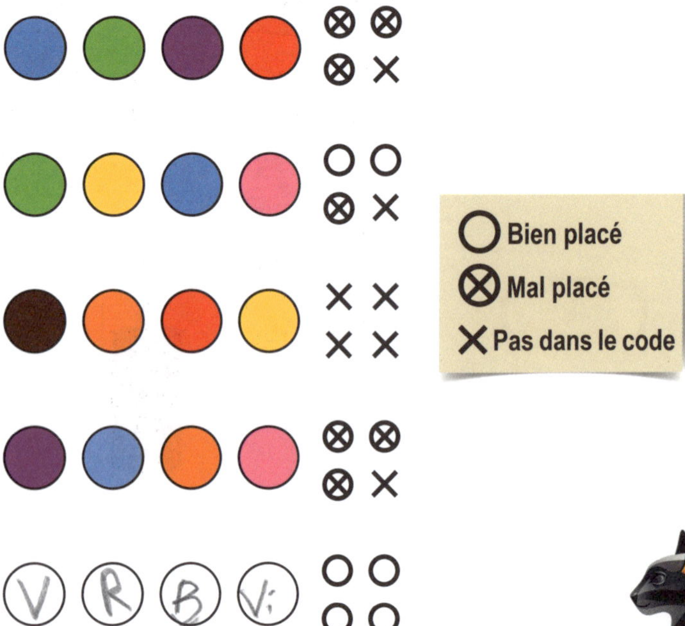

Tu appuies sur les quatre couleurs dans l'ordre. Les deux statues de soldats se tournent alors vers toi. Leurs lances tombent au sol. Tu bondis pour les éviter. Finalement, une porte en pierre s'ouvre entre les deux statues. Howard dit quelque chose dans ton dos.

Recopie les paroles de l'égyptologue dans ce tableau en t'aidant des lettres déjà placées, colonne par colonne, de haut en bas. Tu pourras alors lire un autre message à l'horizontale.

T	U	L'	A	S
T	R	O	U	V
É	,	L	E	S
A	R	C	O	P
H	A	G	E	!

Monsieur Carter passe devant pour entrer dans cette seconde pièce. Elle est plus petite que la première. Un grand tombeau en bois doré trône au milieu. Howard et toi parvenez à l'ouvrir : il y a un deuxième tombeau plus petit à l'intérieur du premier. Vous continuez à trouver des tombeaux de plus en plus petits jusqu'à ce que vous tombiez sur un sarcophage.

Range ces tombeaux et ces sarcophages du plus grand au plus petit pour faire apparaître deux mots.

UNE MOMIE

Après avoir ouvert quatre tombeaux et trois sarcophages, les uns à l'intérieur des autres, vous découvrez enfin ce que vous cherchiez : la momie de Toutankhamon. Elle est là, son visage recouvert d'un masque doré. Howard Carter te demande de le dessiner avant qu'il ne le retire.

Aide-toi des nombres indiqués à gauche de la grille pour colorier les cases et faire apparaître le masque de Toutankhamon. Une ligne a déjà été coloriée pour t'aider.

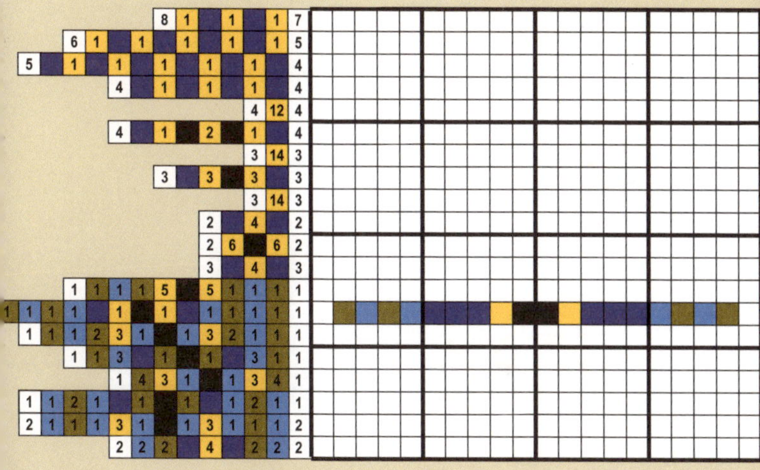

Le moment tant attendu est enfin arrivé ! Monsieur Carter te jette un regard avant de soulever le masque. Quelle surprise ! Il n'y a que du sable sous les bandelettes qui recouvraient la momie. Tu remarques une énigme inscrite sur le sarcophage doré.

Trouve vite la réponse pour comprendre ce qui se passe.

La deuxième note de musique ; il le savait, il l'a toujours... ; un autre nom pour désigner une ville.

Réponse :

RESUSITÉ

Quand tu comprends le sens de ce message, tes yeux s'écarquillent ! Comment est-ce possible ? Monsieur Carter paraît déçu. Il commence à chercher une explication.

Remets la phrase dans l'ordre pour comprendre où il veut en venir.

recouverts / enlevé son corps / chargés / de sable / du corps / ont peut-être / Les embaumeurs / et l'ont remplacé / du pharaon / de bandelettes. / par des sacs

Les embaumeurs chargés du corps du pharaon ont peut être enlevé son corps et l'ont renplacé par des sacs de salle recouverts de bandelettes

L'égyptologue réfléchit longuement en silence, tandis que tu explores le reste de la chambre funéraire. Sur un mur, il y a une peinture qui retrace la vie après la mort de Toutankhamon.

Relie chaque description à l'image correspondante.

1. Toutankhamon et Hathor, la déesse de la beauté et de l'amour.

A B C

2. Les funérailles de Toutankhamon

3. Anubis et Hathor bénissent Toutankhamon.

4. Les douze babouins représentent les douze heures de la nuit durant lesquelles Toutankhamon voyage en barque vers l'au-delà.

E 5

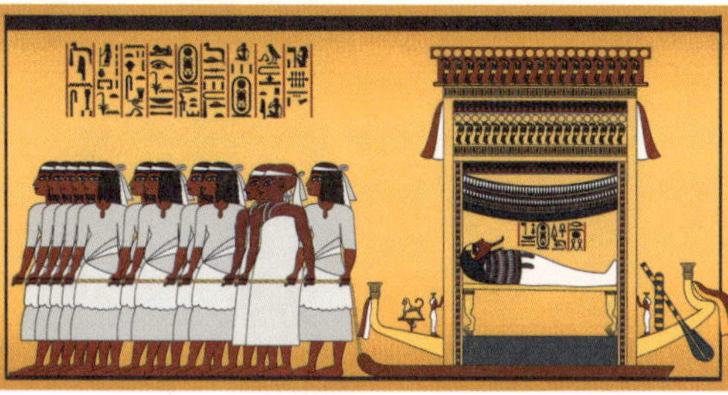

F 2

5. Le grand prêtre prépare le pharaon, qui a pris l'aspect d'Osiris, pour l'au-delà.

6. Toutankhamon, ici représenté par deux personnages (l'âme et le corps), enlace Osiris, qui l'accueille dans l'au-delà.

Monsieur Carter finit par te rejoindre. Il est toujours aussi soucieux, au point de ne même pas faire attention au reste des objets dans la pièce. Pourtant, l'un d'eux n'a rien à faire là !

Repère vite l'intrus parmi les objets de cette page.

Quand tu montres la boussole à Carter, il écarquille les yeux. Comment a-t-elle pu se retrouver là, alors que tous les sceaux du tombeau étaient encore intacts ? Qui aurait pu entrer ainsi sans laisser de traces ? Une réponse te vient peu à peu à l'esprit.

Complète ces grilles avec les mots de chaque liste pour obtenir deux mots à la verticale.

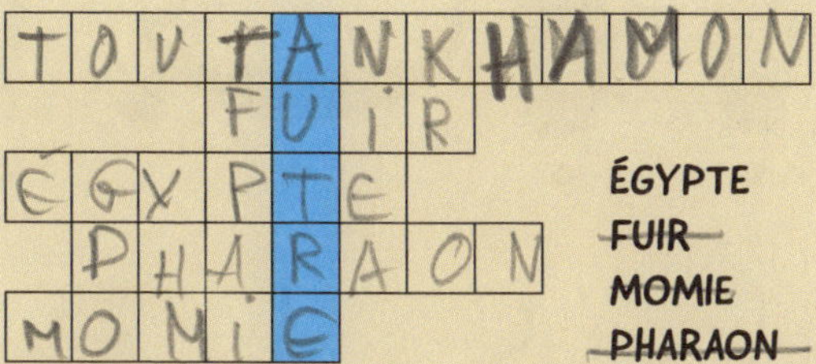

ÉGYPTE
FUIR
MOMIE
PHARAON
TOUTANKHAMON

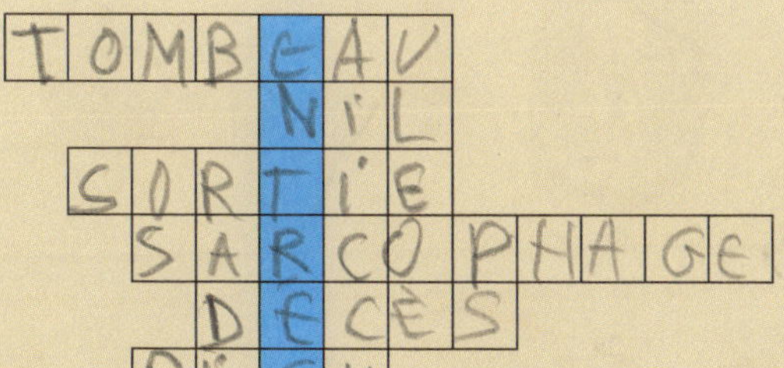

DÉCÈS
DIEU
NIL
SARCOPHAGE
SORTIE
TOMBEAU

L'égyptologue est d'accord avec toi, c'est la seule explication. Vous vous mettez tout de suite en quête d'une sortie. Tandis que Howard regarde dans la chambre funéraire, tu retournes dans l'antichambre. Ta lampe à huile projette d'étranges ombres.

Relie chaque objet à son ombre et trouve le seul qui n'en a pas.

Tu t'approches de l'objet et poses ta main sur l'assise. Elle est chaude ! Comme si quelqu'un venait de la quitter... Trop terrorisé pour rester seul, tu retournes près du tombeau, mais Howard Carter a disparu ! Et un message a été laissé sur le sol.

Décode-le vite pour en savoir plus !

LE PHARAON S'EST
RÉVEILLÉ ET IL EST
EN COLÈRE

Tu sens un frisson te parcourir le dos. Qu'est-il arrivé à monsieur Carter ? Tu prends ton courage à deux mains pour faire le tour de la pièce. Dans un coin, tu trouves un nouveau message.

Barre toutes les lettres qui apparaissent en double, puis forme un mot avec celles qui restent.

DEUX ....

....

Voilà un premier indice, mais ça ne t'aide pas beaucoup ! Tu retournes près du sarcophage. Howard Carter y a retiré toutes les bandelettes de la momie de sable. Parmi elles, tu remarques un objet brillant, emmêlé dans les bandelettes.

Trouve à quelle bandelette l'objet doré est attaché.

Tu parviens enfin à démêler les bandelettes et à récupérer le bijou en forme de scarabée. Toujours pas de traces de Carter… En sortant des tombeaux imbriqués les uns dans les autres, tu aperçois des scarabées au sol, contre un mur.

Aide-toi de tes réponses aux pages 46 et 47 pour deviner quel scarabée t'intéresse.

Tu t'accroupis pour mieux observer le scarabée, mais il ne fait rien d'autre que se promener dans la pièce. Alors que tu es sur le point d'abandonner, il disparaît soudain dans le sol. Tu sors un pinceau de ton sac pour retirer la poussière et tu découvres une trappe !

Tu essaies de l'ouvrir, mais tes doigts sont trop gros et ne passent pas dans la fente. Tu retournes donc dans l'antichambre pour emprunter la lance de l'une des deux statues de gardiens. Tu parviens aisément à la faire passer dans la fissure, puis tu soulèves la trappe.

Tu accroches ensuite tant bien que mal ta lampe à la lance et tu la fais descendre dans le trou. Il n'a pas l'air très profond, tu décides donc de sauter sans réfléchir. Mais ce que tu n'as pas remarqué à la simple lueur de ta lampe à huile, c'est que le sol est en pente ! Tu dégringoles en roulé-boulé sur une dizaine de mètres avant d'atteindre une grande salle éclairée par des flambeaux.

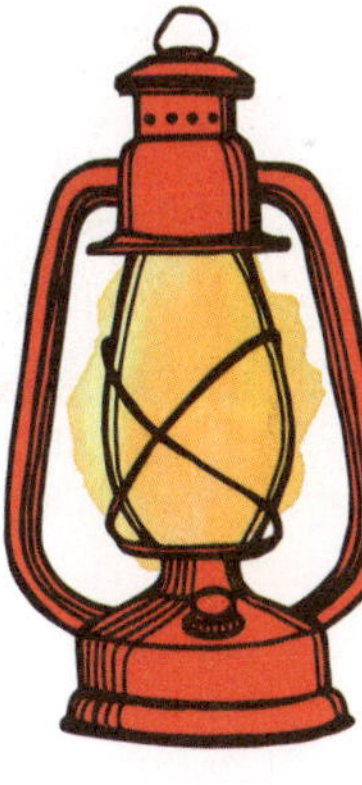

Tu te relèves péniblement et tu regardes d'abord derrière toi. La pente est tellement inclinée qu'il t'est impossible de la remonter sans corde. Tu te tournes donc vers la pièce. Le fait qu'elle soit éclairée et qu'un autre sarcophage trône au centre ne te rassure guère.

Un élément devrait te donner un indice dans cette pièce. À toi de trouver de quoi il s'agit !

Les traces de pas pourraient correspondre aux chaussures de monsieur Carter. Tu décides de les suivre pour t'éloigner de cette pièce qui, de toute façon, ne t'inspire rien de bon. Les pas mènent à un couloir éclairé. Au-dessus de l'arche qui permet d'y accéder sont inscrits d'étranges caractères.

Imagine une superposition des deux lignes pour parvenir à lire un message.

VOUS VOiLA

DANS L'AUTRG MONDG

Tu te sens de plus en plus mal. Seul l'espoir de retrouver monsieur Carter te pousse à continuer. Il a dû trouver la trappe et partir à la découverte du tombeau sans te prévenir. C'est la seule explication rationnelle qui te vient à l'esprit.

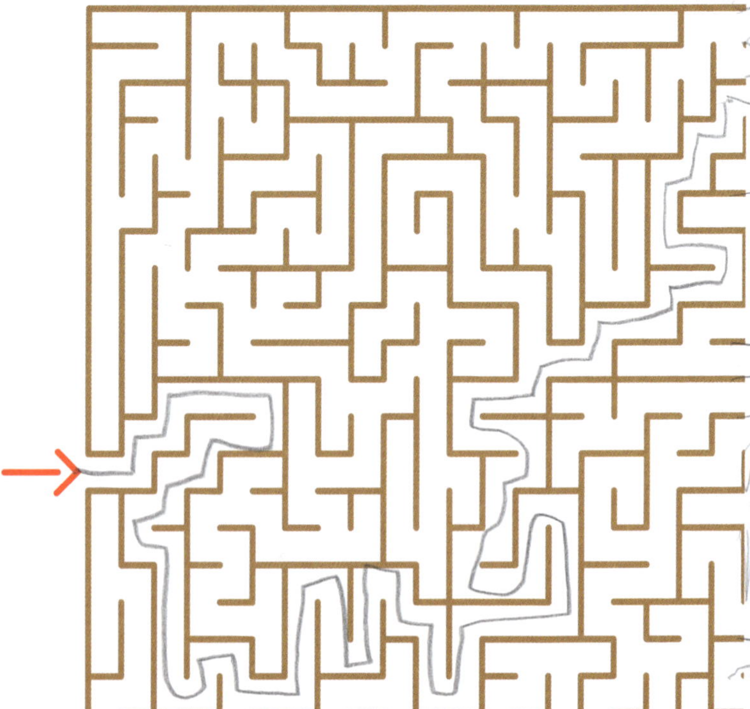

Tu aperçois soudain une drôle de peinture qui ressemble à un plan.

Trouve le seul chemin qui te permettra de traverser ce labyrinthe de couloirs.

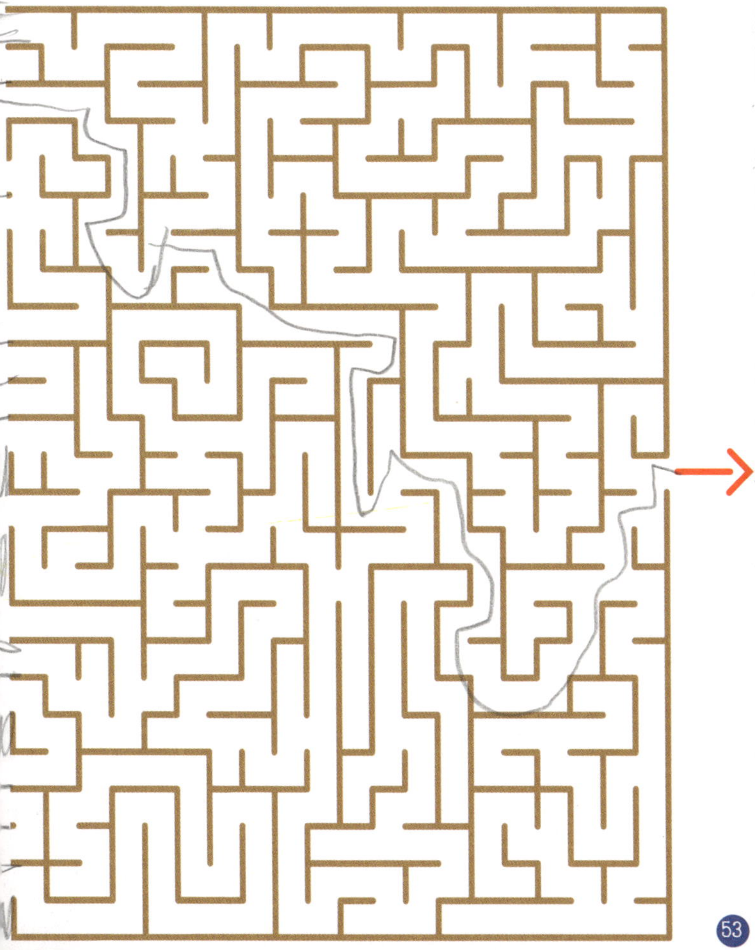

Tu recopies ce plan sur ton cahier de croquis avant de continuer ton chemin. Au bout de quelques mètres, tu te retrouves bloqué par un mur, qui n'était pourtant pas indiqué. Sur celui-ci ont été dessinés une grille ainsi que des symboles.

Complète cette grille de sorte que chaque dessin se retrouve une fois dans chaque ligne, chaque colonne et chaque rectangle de six cases.

Tu as à peine terminé de dessiner le dernier symbole que le mur remonte dans le plafond, te laissant un passage. Sans te méfier, tu fais un pas en avant et une flèche fuse, frôlant ton oreille. Le sol recèle de dalles dont certaines sont piégées !

Barre toutes les dalles dont le centre est visé par une flèche pour te frayer un passage en toute sécurité.

Ouf ! Tu es arrivé sain et sauf de l'autre côté. Tu as vraiment la sensation de ne pas être le bienvenu ici ! Terrifié, tu te mets à courir dans ce couloir sans fin. Au bout d'un moment, tu débouches dans une nouvelle pièce remplie de trésors !

Regarde attentivement cette image et trouve le seul détail qui ne lui appartient pas.

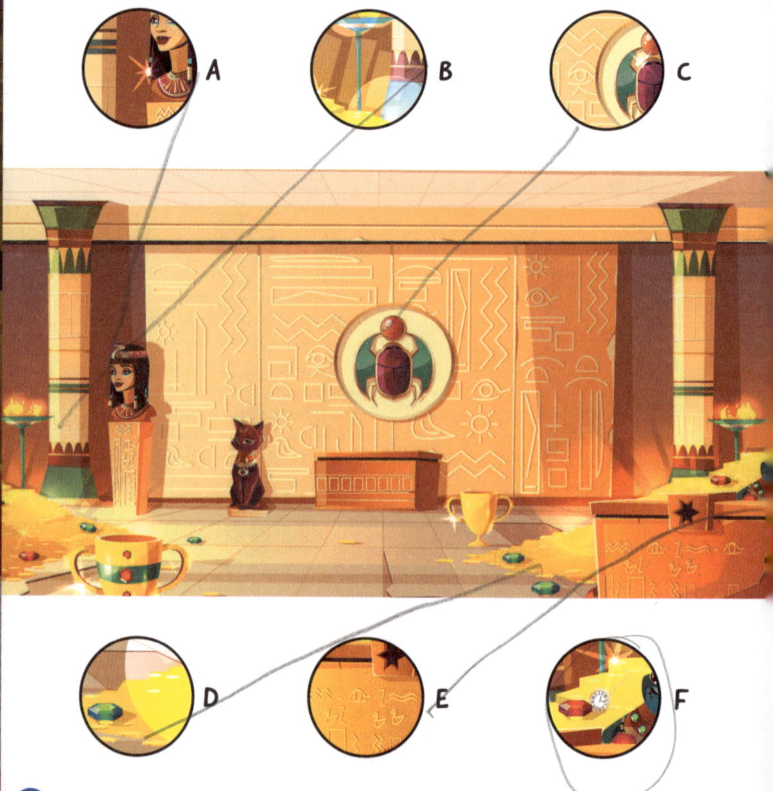

En t'approchant pour mieux voir, tu constates qu'il s'agit de la montre de Howard Carter. Il est donc bien passé par là ! En inspectant la pièce, tu remarques un morceau de papier sur lequel tu reconnais l'écriture de l'égyptologue.

Trouve la réponse à cette énigme.

J'ai une serrure,
mais pas de porte.

Qui suis-je ?

cadenas ....

Qu'essaie de te dire monsieur Carter ? Tu fais encore un tour de la pièce et tu trouves un coffre verrouillé par un cadenas. Plus loin, tu aperçois un trousseau de plusieurs clés accroché à un clou. Encore une fois, tu es stupéfait de trouver des objets modernes dans ce tombeau antique qui a pourtant l'air abandonné.

Repère la seule clé qui pourra ouvrir le cadenas.

Le cadenas est un peu rouillé, mais tu parviens à l'ouvrir. À l'intérieur du coffre, tu découvres un petit mot de Carter. Peut-être a-t-il laissé un indice sur sa position ?

Pour comprendre le message caché, lis la première et la dernière lettre de chaque ligne.

Rien ne peut m'arrêter, même pas ce couloir blafard.
Vous pourriez me rejoindre, mais je préfère être seul. Voila
une idée : quand j'aurai terminé, je vous enverrai un appel.
Il ne faudra pas me rejoindre, mais seulement m'attendre
une dizaine de minutes, le temps pour vous de boire un moka.
Une dernière chose : nos découvertes ont une valeur univ-
erselle. Restez discret. Il est pour l'instant inutile de se précipiter.
Sapristi, vous avez vraiment lu tout mon message ? Bravo !

RDV AU LIE ~~AA~~ ....

~~VVERSO~~ AUVERSO ....

....

Tu retournes la feuille. Howard Carter y a dessiné une carte sur laquelle il a ajouté une grille. En dessous, il t'a annoté de drôles d'indications.

Suis les notes de Carter dans l'ordre pour savoir dans quelle case de ce tableau le rejoindre.

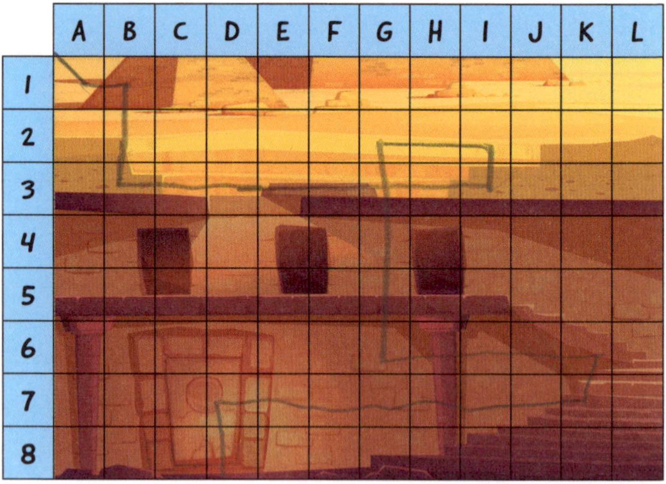

- Partez de A1. Allez d'1 case vers la droite, puis de 2 cases vers le bas. Continuez de 8 cases vers la droite, remontez d'1 case, puis avancez de 2 cases vers la gauche.
- Descendez ensuite de 5 cases avant d'aller de 4 cases vers la droite. Descendez encore d'1 case, puis allez de 7 cases vers la gauche avant de remonter de 2 cases.
- Avancez encore de 3 cases vers la gauche, puis descendez finalement de 2 cases pour atteindre votre destination.

Dès que tu comprends où aller, tu pars en courant. Tu en as assez de tourner en rond dans ces couloirs sombres et effrayants ! Si tu comprends bien, le rendez-vous est tout près du sarcophage que tu as croisé tout à l'heure, dans la pièce où tu avais remarqué des traces de pas.

Suis le mot « sarcophage » à plusieurs reprises dans la grille pour la traverser et rejoindre Howard Carter. Tu peux aller dans n'importe quel sens, mais pas en diagonale.

S	G	O	H	A	E	S	A	R	A	H	O	A
A	R	A	E	O	G	H	S	C	O	P	S	R
H	C	P	O	G	A	H	P	R	H	H	A	E
P	O	S	R	C	P	P	R	O	C	P	G	E
S	P	H	A	S	R	O	C	R	A	R	O	E
O	H	S	G	P	A	P	E	H	S	R	H	G
R	E	P	E	R	C	O	P	O	E	S	P	E
G	P	C	S	A	R	G	H	A	G	O	G	A

Tu ne ralentis qu'une fois arrivé dans la pièce. Tu t'approches doucement du sarcophage et tu remarques qu'il est entrouvert. Soudain, un souffle aigu s'en échappe. Tu sursautes. Une voix murmure ton nom. Tu reconnais celle de l'égyptologue. Mais que fait-il là ?

Monsieur Carter te parle en code morse en produisant des sons tantôt courts, tantôt longs. Décode son message.

A .–	B –...	C –.–.	D –..	E .
F ..–.	G ––.	H	I ..	J .–––
K –.–	L .–..	M ––	N –.	O –––
P .––.	Q ––.–	R .–.	S ...	T –
U ..–	V ...–	W .––	X –..–	Y –.––
		Z ––..		

.–.. .–   –– ––– –– .. .

LAMOMIE

. ... –-. .–.. .–.. .   .–.. .– ?

ESTEL LELA

Une momie ? Tu regardes autour de toi, mais tu ne vois rien de particulier. Tu oses donc répondre à voix haute que non, il n'y a pas de momie ici. L'égyptologue attend encore quelques secondes avant de pousser le couvercle du sarcophage et de sortir. Il est blanc comme un linge et il semble avoir du mal à se remettre de ses émotions.

Tu as plusieurs médicaments dans ton sac. En t'aidant des égalités ci-dessous, trouve celui qui est le plus fort pour le donner à Howard Carter.

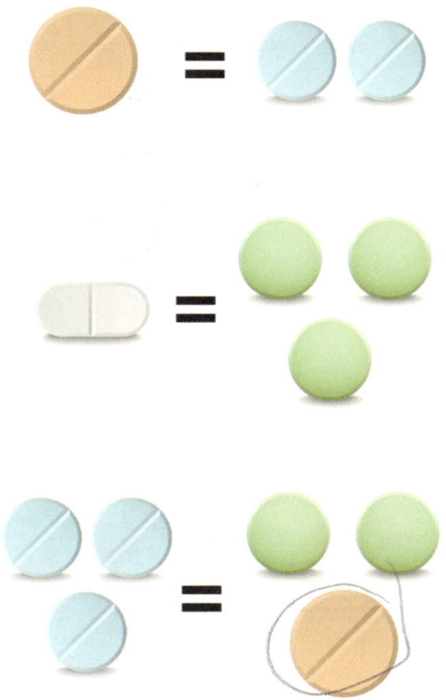

Au bout de quelques minutes, l'égyptologue t'explique enfin ce qui lui est arrivé. Il a lui aussi découvert la trappe et quand il s'est penché pour voir ce qu'il y avait dessous, deux mains l'ont agrippé et l'ont fait tomber ! Tout comme toi, il a dégringolé jusque dans cette salle. Howard Carter redevient blanc et n'arrive pas à articuler la suite de son récit. Au lieu de ça, il empile des pierres précieuses les unes sur les autres.

Pour connaître le fin mot de l'histoire, remplace chaque groupe de pierres par une lettre grâce au tableau.

	A	E	I	M
	N	O	P	R
	S	U	V	

UNE MOMIE

MA POURSUIVI

Une momie ? Monsieur Carter t'explique qu'il a réussi à la semer et qu'il en a profité pour te laisser des indices afin que tu puisses le retrouver, puis qu'il s'est caché dans ce sarcophage. Quelque chose d'autre t'intrigue : si ce sarcophage était vide, tout comme celui de l'étage du dessus, ça voudrait dire qu'il y a deux momies ?

Compare la momie qui a poursuivi Howard Carter et la fausse qui se trouvait dans le tombeau de Toutankhamon. Combien de différences vois-tu entre les deux ?

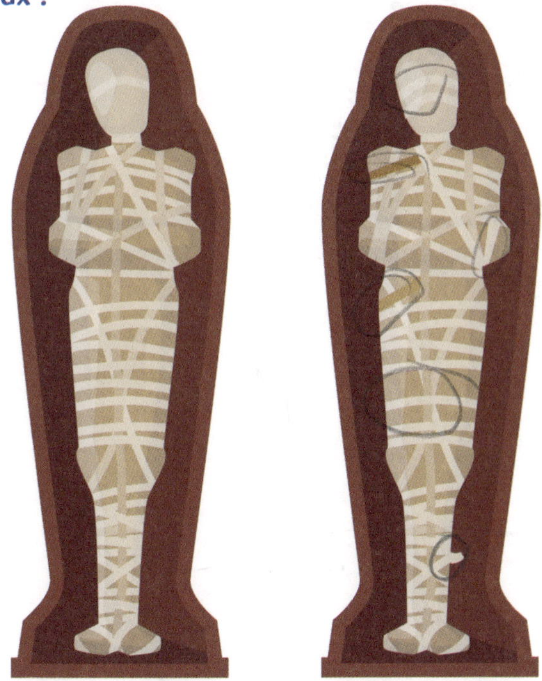

Howard confirme qu'il est fort probable que deux momies aient pris vie. Il n'y a plus de doute : il y a bel et bien une malédiction ! Vous avez dérangé le sommeil de Toutankhamon et il vous a donc enfermés ici. Qui pourrait bien être l'autre momie ?

Colorie ce personnage à l'aide du code couleurs, puis aide-toi des pages 40-41 pour deviner sa fonction.

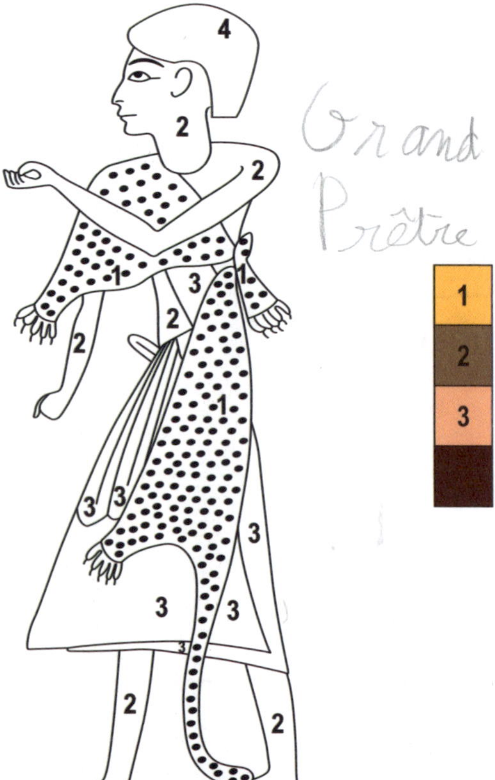

Howard Carter t'explique tout ce qu'il sait du grand prêtre de Toutankhamon. Il s'appelait Aÿ et il est devenu pharaon à la mort du jeune roi. L'égyptologue essaie ensuite de se souvenir de la fonction qu'Aÿ occupait quand il est entré au service de la famille royale.

Pour le découvrir, complète cette grille de Sudoku dont les chiffres ont été remplacés par des lettres. Tu pourras alors lire un mot dans les cases jaunes.

	E				R
R		B			
	B		S		C
C		E		R	B
	I		R		S
	R	S		I	

Soudain, un bruit métallique vous fait sursauter tous les deux. Vous vous tournez vers le centre de la pièce. Ton cœur bat à tout rompre et ta vue se trouble sous le coup de l'émotion. Tu ne distingues que des taches noires devant toi.

Relie ces points pour découvrir ce qui est tombé en faisant du bruit.

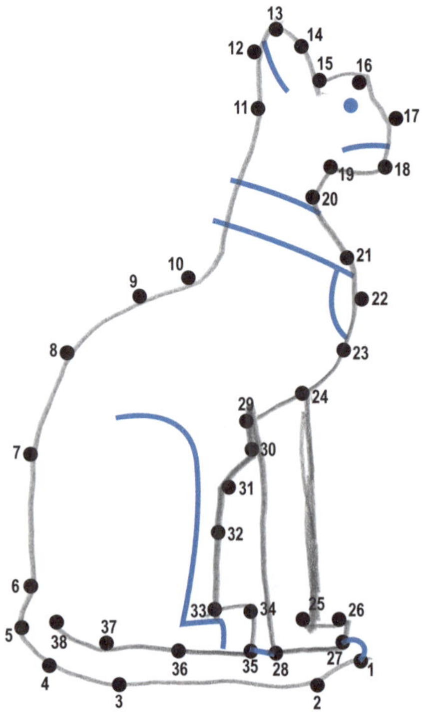

Howard Carter regarde attentivement la pièce. Il n'y a personne d'autre que vous. Tu restes immobile, tandis qu'il observe la statue de chat en bronze. Quand il te la montre, tu aperçois une inscription sur l'une des pattes.

Aide-toi de la page 25 pour trouver la solution à cette anagramme et deviner à quelle divinité fait référence l'inscription.

BASTET ....

L'égyptologue n'a plus l'air aussi soucieux. Sa curiosité a pris le pas sur sa peur. Remarquant des traces de pattes de chat dans la poussière, il se met à les suivre. Tu n'as pas d'autre choix que de faire pareil.

Observe attentivement cette grille et trouve cette suite de trois empreintes pour partir dans la bonne direction.

Les empreintes vous guident dans une nouvelle salle par laquelle tu n'étais pas encore passé. Un chat est endormi en boule sur un fauteuil doré. Howard Carter s'en approche. Le chat, alerté par le bruit de vos pas, se redresse et… se met à vous parler !

Coche la bonne réponse à chaque question du chat.

1. Quand je suis de bonne humeur, j'ai une tête de chat, mais quand je suis en colère, je deviens la déesse de la guerre, Sekhmet. Avec quelle tête d'animal me représente-t-on alors ?

☐ Crocodile ☐ Faucon ☒ Lionne

2. Je suis la protectrice des femmes et des enfants. Je viens de la part d'une reine qui a été l'épouse du pharaon Akhenaton, père de Toutankhamon. Qui suis-je selon vous ?

☒ Néfertiti ☐ Cléopâtre ☐ Néférousobek

3. Vous avez réveillé deux rois. La malédiction du pharaon est sur vous. Mais la reine a demandé aux dieux d'avoir pitié de vous. Celui à tête de crocodile vous aidera. Connaissez-vous son nom ?

☐ Amon-Rê ☐ Thot ☒ Sobek

4. Lui et moi vous guiderons pour contrer la malédiction. Le dieu crocodile vous attend dans un endroit sombre et profond, où l'on trouve pourtant la vie. Savez-vous de quoi il s'agit ?

☐ Une grotte ☒ Un puits ☐ Un lac

Monsieur Carter essaie de poser des questions au chat, qui ne répond maintenant plus que par des miaulements, comme s'il avait toujours été un simple chat. Pendant ce temps, tu fais le tour de la pièce. Contre un mur, tu remarques un bas-relief cassé en plusieurs morceaux, qui semble représenter le dieu Sobek.

Recompose ce puzzle pour écrire une phrase.

Tu fais part à monsieur Carter de ta découverte. Il te demande de le guider grâce au plan que tu avais recopié plus tôt sur ton carnet.

Choisis le meilleur chemin pour rejoindre le nord, sachant que chaque statuette représente un obstacle qui te fera perdre du temps.

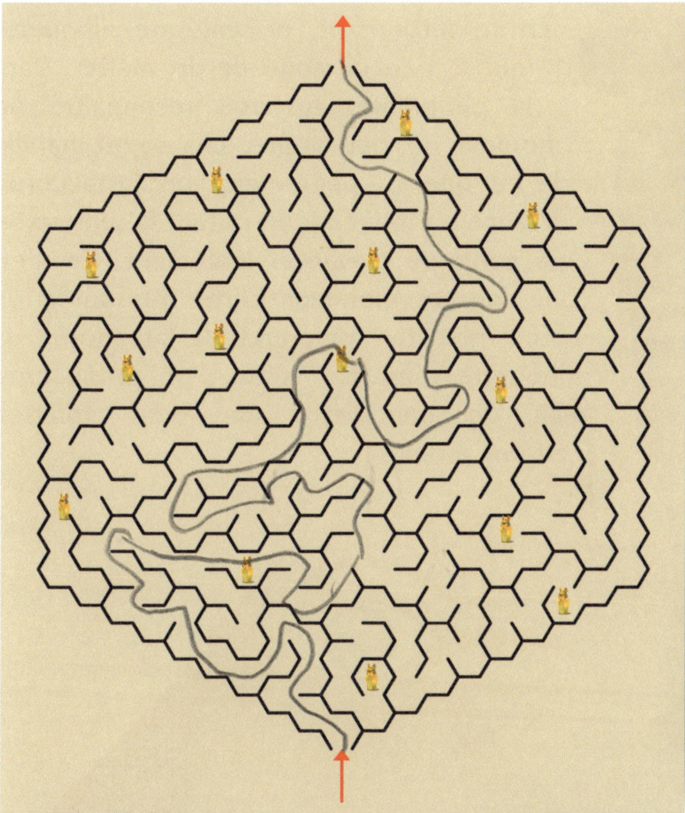

Howard Carter et toi marchez durant de longues minutes. Vous n'osez pas parler, de peur de réveiller un autre pharaon. Soudain, vous entendez un léger bruissement derrière vous. Monsieur Carter te murmure de te servir de la lance que tu as toujours en main et de surprendre celui qui semble vous suivre.

En te retournant, tu vois une silhouette qui se tient à moins de dix mètres. Dans la pénombre, tu crois reconnaître un homme un peu voûté, chauve et habillé de ce que tu penses être un justaucorps. Ta lance n'effraie pas un instant la silhouette, qui continue d'avancer lentement. Ce n'est que lorsque monsieur Carter te souffle de courir que tu comprends la situation : la silhouette n'est pas vêtue d'un justaucorps, mais de bandelettes de tissus grisâtres. C'est une momie !

Vous devez fuir au plus vite ! Tu regardes le plan et tu cherches désespérément un endroit où vous cacher.

Dans ce tableau, commence par barrer toutes les flèches qui apparaissent en double. Elles doivent être de la même couleur et indiquer la même direction. Utilise ensuite celles qui restent pour déterminer le chemin qui te permettra de traverser la grille jusqu'à un endroit sûr.

Vous parvenez à semer la momie et à vous cacher dans un renfoncement. Vous soufflez quelques secondes avant que le sol ne se dérobe sous vos pieds. Votre chute est heureusement amortie par un tas de sable. Vous voici à présent dans une petite pièce où du sable est en train de couler par quatre tuyaux. Vous risquez de finir ensevelis !

Sers-toi des indications pour calculer dans combien de minutes la pièce sera totalement remplie de sable.

- Taille de la pièce = 58 m³.
- Chaque tuyau crache 4 m³ de sable par minute.
- Il y a déjà 10 m³ de sable dans la pièce.

58 m3 - 10 m3 = 48 m4

48 : 4 q = 12 r = 0

12 x 1 = 12

Il n'y a pas de temps à perdre : vous devez trouver une issue, et vite ! Sur un mur, tu aperçois une phrase qui pourrait vous donner un indice.

Décrypte-la et tourne vite la page.

LE CODE CÉSAR CONSISTE À DÉCALER
LES LETTRES D'UN OU PLUSIEURS RANGS
DANS L'ALPHABET.
UN DÉCALAGE D'UN RANG DONNE
AINSI « BNCD » AU LIEU
DE « CODE ».

ICI, LE DÉCALAGE EST DE DEUX RANGS :
PYLECX JCQ YKNFMPCQ NMSP
YPPCRCP J'CAMSJCKCLR.

RANGEZ/LES/AMPHOR-
ES/ARRETER/L'écoulement
POUR

Tu aperçois les amphores. Elles sont de différentes tailles, formes et couleurs, et il y a des casiers numérotés pour les ranger.

Remplis d'abord le tableau ci-contre en t'aidant des indications : il faut mettre O au croisement de deux éléments qui vont ensemble et X lorsqu'ils ne sont pas liés. La première phrase a déjà été ajoutée au tableau pour t'aider. Reporte ensuite tes réponses sur le tableau ci-dessous.

- La petite amphore est à ranger dans la case n° 1.
- Ce n'est pas la grande amphore qui est hexagonale.
- L'amphore ronde n'est pas dans la case n° 2 et elle n'est pas grise.
- L'amphore rouge n'est ni grande, ni triangulaire.
- L'amphore hexagonale est noire.
- L'amphore moyenne n'est pas dans la case n° 3.

TAILLE	COULEUR	CASE	FORME
GRANDE	GRISE	3	Triangulaire
MOYENNE	NOIRE	2	Hexagonale
PETITE	ROUGE	1	RONDE

		COULEUR			CASE			FORME		
		NOIRE	GRISE	ROUGE	1	2	3	RONDE	TRIANGULAIRE	HEXAGONALE
TAILLE	GRANDE				X					
	MOYENNE				X					
	PETITE				O	X	X			
FORME	RONDE									
	TRIANGULAIRE									
	HEXAGONALE									
CASE	1									
	2									
	3									

Tu ranges la dernière amphore et le sable cesse de couler. Il était temps ! Une minute de plus et vous étiez totalement ensevelis. Grâce à la montagne de sable, vous pouvez maintenant accéder à la trappe par laquelle vous étiez tombés, mais son ouverture fonctionne grâce à un étrange mécanisme.

Complète cette figure en ajoutant des chiffres de 1 à 19, de sorte que chaque chiffre touche toujours celui qui le précède et celui qui le suit.

La trappe s'ouvre enfin et vous remontez à l'étage du dessus. Vous devez maintenant continuer vers le nord, mais vous avez du mal à vous orienter dans ces souterrains. En observant le plafond, tu aperçois un hiéroglyphe que tu ne connais pas, accompagné d'une phrase.

Aide-toi de la position du soleil par rapport aux flèches et de la phrase pour déterminer dans quelle direction aller.

RÊ EST EN TRAIN DE SE COUCHER.

Howard Carter se laisse guider vers de nouvelles galeries jusqu'à une salle faiblement éclairée où l'air est chargé d'humidité. Vous y trouvez un puits où des symboles énigmatiques ont été gravés. Il semble manquer une pierre pour terminer chaque frise.

Trouvez le symbole qui manque à chacune de ces suites logiques.

1

2

3

Lorsque tu glisses les pierres manquantes dans les trous, une lumière verdâtre apparaît au fond du puits. En te penchant, tu aperçois une forme qui semble remonter à la surface. La pièce est sombre et tu ne vois pas très bien.

Relie chaque pièce de puzzle à la bonne place pour comprendre de quoi il s'agit.

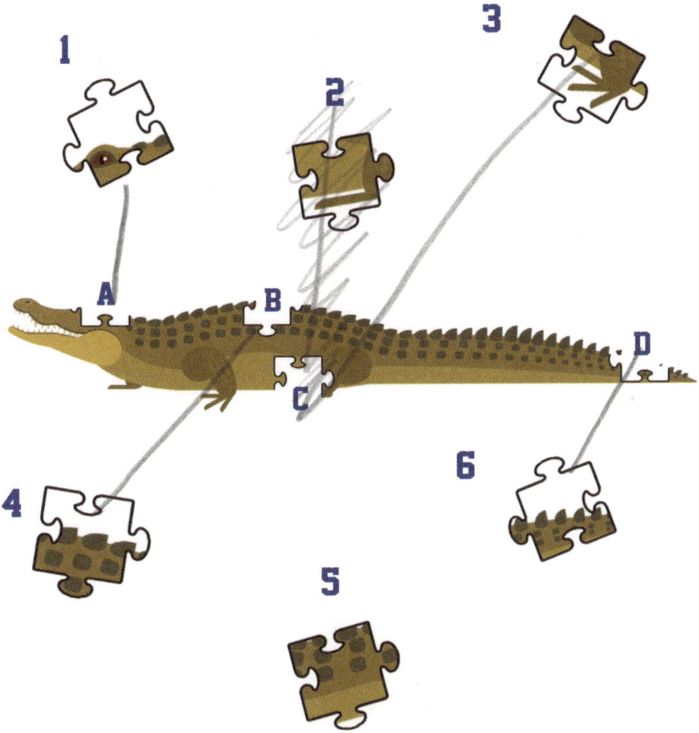

Un crocodile est en train de grimper vers vous ! Vous faites un bond en arrière. C'est finalement une forme humaine avec un masque de crocodile qui sort du puits. Il s'agit de Sobek. Le dieu parle un langage étrange que tu ne comprends pas.

Utilise le tableau pour deviner comment décoder ce message. La première lettre a déjà été décryptée pour t'aider.

	1	2	3	4	5	6	7	8	9
1	A	B	C	D	E	F	G	H	I
2	J	K	L	M	N	O	P	Q	R
3	S	T	U	V	W	X	Y	Z	

L1R4 L1R5 L3R1 L1R1 L2R4 L3R3 L2R3 L1R5 L3R2 L3R2 L1R5 L3R1

D A ....

....

L1R3 L2R6 L2R5 L2R1 L3R3 L2R9 L1R5 L2R9 L2R6 L2R5 L3R2

....

....

L2R3 L1R5 L3R1 L2R6 L2R9 L3R2.

....

Sobek vous explique qu'un autre dieu vous en dira plus au sujet des amulettes quand vous les aurez toutes récupérées. Il vous propose ensuite de résoudre son énigme pour récupérer une première amulette.

Complète cette grille de Sudoku de sorte que chaque chiffre n'apparaisse qu'une fois par ligne, par colonne et dans chaque carré de neuf cases. Tu obtiendras le nombre d'amulettes à récupérer dans la case colorée.

9					7			
	5	1		9	4	7	2	
4		3				8		
6	8			2	3	4	7	
	3	4	5			1	6	
2	1				6	5		
			4		2		1	
	4	2		5		6		
1	9	7				2	5	

Le dieu crocodile vous remet une croix de vie, symbole d'immortalité. Avant de se retirer, il souhaite vous donner un indice sur la position de la prochaine amulette.

Barre toutes les images qui apparaissent en double pour n'en garder qu'une seule.

Tu reconnais cette déesse. Il s'agit d'Hathor. Sobek vous a conseillé d'emprunter le plus long chemin pour la rejoindre. Où peut bien se trouver la déesse ?

Observe le plan et devine vers quelle salle vous devez avancer.

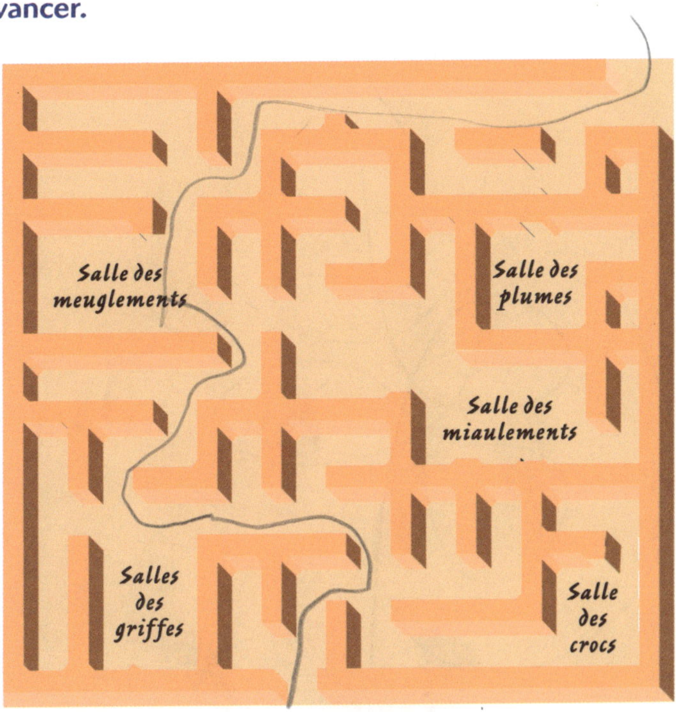

Howard Carter et toi avez repéré la bonne salle sur le plan, mais plusieurs chemins sont possibles pour la rejoindre.

Aide-toi du conseil donné par Sobek en page 87 pour rejoindre Hathor.

Vous voilà enfin dans la bonne salle, où la déesse Hathor vous attend. Elle vous promet de vous remettre une amulette si vous devinez quel dieu vous devez rencontrer ensuite. Hathor vous montre des images de différents animaux.

Retrouve la première lettre de chacun, puis remets-les toutes dans l'ordre pour écrire le nom d'un dernier animal qui représente le dieu que tu cherches.

1 [U] *urial*

4 [C] cerf

2 [N] narval

5 [F] fourmilier

3 [A] araignée

6 [O] ours

Animal = Faucon

Dieu correspondant : Horus

Tu trouves la bonne réponse avant monsieur Carter. Hathor te remet alors son amulette : une bague avec une tête de vache en or. Elle vous montre ensuite un mur en vous disant qu'il vous indiquera où trouver Horus.

Complète cette grille de mots fléchés, puis récupère les lettres grâce à leur numéro pour écrire une phrase.

1 S	2 A	3 L	3 L	4 E

5 D	4 E	1 S

6 P	3 L	7 U	8 M	4 E	1 S

	O	B	serpent ou écharpe / céréale	garer (il, passé simple) / grosse colère	G	O	allez ! / bébé en deux lettres	béer (il, passé simple) / petite tige
…au …ile	C	O	B	R	A	serpent à tête large / étrange	B	B
	prévenir / internet	A	L	2 A	R	M	E	R
	W	égayer (je, passé simple) / coloré en anglais	E	G	A	X	A	I
	E	C	pas humide / cri de joie	E	liaison entre deux mots	S	5e lettre de l'alphabet	N
…on …lais / …ouris	B	O	X	saison chaude / porte chance	E	T	E	descend, décroît
	poisson / lave	3 L	O	T	T	4 E	unité de commande	B
	M	O	U	R	affection / ruer (il, passé simple)	R	U	A
	A	U	6 P	E	là / il brûle	I	G	I
…ayope / …le …re	G	R	I	F	F	E	celle-ci vient juste après celle-là	S
	8 M	E	à eux	L	E	7 U	R	S
…orps / …evoir	A	5 D	A	E	U	X	juste avant F	E

Howard Carter te propose de le suivre, il dit se souvenir de l'endroit où se trouve la salle des plumes. Au bout de longues minutes de marche, vous arrivez à la croisée de deux chemins. L'égyptologue a un doute.

Complète cette grille avec des 0 et des 1, de sorte que chaque chiffre apparaisse 3 fois par ligne et par colonne et qu'il n'y ait jamais plus de deux chiffres identiques côte à côte, à l'horizontale ou à la verticale. Si la somme totale des cases en couleur est un chiffre pair, vous devez aller à gauche ; sinon, le bon chemin est celui de droite.

1	0	1	0	0	1
1	1	0	0	1	0
0	0	1	1	0	1
0	1	1	0	1	0
1	0	0	1	1	0
0	1	0	1	0	1

À droite

Tu as eu raison de suivre ton instinct ! Howard et toi êtes bien arrivés dans la salle des plumes. Vous ne trouvez aucune trace d'Horus, mais une phrase énigmatique a été laissée sur le sol.

Observe attentivement la scène durant une minute, puis tourne la page.

Une minute plus tard, la salle se trouve plongée dans le noir et Horus apparaît devant vous, baigné dans une lumière fantomatique.

Réponds aux questions du dieu par vrai ou faux sans revenir à la page précédente.

A. Ce symbole apparaît au moins trois fois dans la scène : 

☒ VRAI ☐ FAUX

B. Il y a deux statues de chat dans la scène.

☐ VRAI ☒ FAUX

C. La pierre au-dessus du scarabée est rouge.

☒ VRAI ☐ FAUX

D. Les deux gardes au centre ne regardent pas dans la même direction.

☐ VRAI ☒ FAUX

E. Il y a six amphores avec des têtes d'animaux.

☐ VRAI ☒ FAUX

F. Il y a des hiéroglyphes sur le sarcophage.

☒ VRAI ☐ FAUX

Quand Howard donne votre dernière réponse à Horus, la lumière revient dans la pièce. Le dieu vous félicite avant de te remettre la dernière amulette, un bijou en or représentant l'œil d'Horus, connu pour assurer une protection à son porteur.

Le dieu faucon vous explique que, grâce à ces amulettes, vous pourrez offrir le sommeil à l'un des deux pharaons que vous avez réveillés.

Le moment venu, vous devrez choisir entre Aÿ et Toutankhamon. Vous savez que la momie de l'un d'eux est à votre recherche et qu'elle vous veut du mal. Quant à l'autre, vous ne l'avez pas encore croisée, vous ne connaissez donc pas ses intentions. À vous de deviner quelle momie est maléfique, puis de décider laquelle des deux vous souhaitez endormir.

Avant de vous quitter, Horus vous dit de retrouver la déesse Bastet et le dieu Sobek, qui vous donneront de nouveaux indices, puis il vous remet un morceau de papyrus avant de disparaître dans un nuage de fumée.

Le papyrus remis par Horus représente plusieurs dieux qui apparaissent en double. Parmi eux se trouve justement Bastet.

Relie chaque dieu à son double en formant des chemins qui devront occuper le nombre de cases indiqué en bas. Ils peuvent aller à la verticale ou à l'horizontale, mais pas en diagonale. Attention, deux chemins différents ne peuvent pas se croiser et toutes les cases doivent être remplies à la fin.

Tu proposes à monsieur Carter de commencer par suivre le chemin menant à Bastet. Vous empruntez le couloir le plus proche, qui forme un coude avant de retourner vers une autre porte. Hélas, celle-ci est bloquée. Juste devant elle se tiennent des cubes de toutes les couleurs.

Pour ouvrir la porte, appuie sur les deux pavés qui sont identiques, bien qu'étant chacun dans une position différente.

A

B

C

D

E

La porte s'ouvre sur une petite salle. La déesse Bastet est bien là. Elle vous salue à peine et vous indique un papyrus posé sur un coffre. Des sortes d'étoiles y ont été dessinées. Bastet vous dit qu'un début de réponse s'y cache.

Trouve la lettre manquante au centre de chaque tableau, puis récupère les quatre lettres obtenues pour écrire un mot.

1

↘			↓		
	B		S		E
		A	I	T	
→	P	E		I	T
		A	E	O	
	D		S		N
↗					

2

↘			↓		
	A		É		D
		M	C	I	
→	C	H		I	X
		R	L	U	
	F		E		R
↗					

3

↘			↓		
	B		P		E
		R	L	T	
→	F	A		V	E
		O	M	I	
	D		E		T
↗					

4

↘			↓		
	T		L		N
		O	O	I	
→	F	E		E	R
		U	U	E	
	B		S		M
↗					

....

Tu ne comprends pas le sens de ce mot, et Howard non plus. Bastet s'est déjà volatilisée. Il ne vous reste plus qu'à retrouver Sobek pour avoir un autre indice. Vous savez dans quelle direction aller pour retourner vers le puits, mais vous ne savez pas si vous en êtes loin.

Chaque carré vert est la somme de deux carrés jaunes. Retrouve les trois groupes de trois carrés qui vont ensemble (deux jaunes et un vert) pour ne garder qu'un seul groupe qui ne fonctionne pas. Additionne alors les trois chiffres restants pour obtenir la distance à parcourir, en mètres, pour rejoindre Sobek.

66	65	29
37	120	44
32	55	80
145	59	21

4 4+32+14=221

Le dieu crocodile est déjà sorti du puits quand vous le retrouvez. Il vous dit que deux nouveaux indices cachés dans cette pièce vous permettront de déterminer quel pharaon est de votre côté et lequel ne l'est pas. Puis Sobek plonge dans l'eau et disparaît. En te retournant, tu aperçois deux jarres qui n'étaient pas là plus tôt dans la nuit. Il y a une étrange inscription gravée sur chacune d'elles.

Aide-toi du tableau pour trouver la solution de ces deux opérations.

```
  A J O        N E
+ D I E      + G I
-------      -----
  E ... ...    ... ...
```

A	B	C	D	E	F	G	H	I
1	2	3	4	5	6	7	8	9
J	K	L	M	N	O	P	Q	R
10	11	12	13	14	15	16	17	18
S	T	U	V	W	X	Y	Z	
19	20	21	22	23	24	25	26	

Howard t'appelle depuis l'autre côté de la pièce. Il a repéré quelque chose. Des hiéroglyphes ont été dessinés sur un mur. Il s'agit d'une liste de mots qu'Howard a recopiée sur son carnet.

Échange une lettre de chaque mot avec celle d'à côté pour obtenir sept nouveaux mots qui sont les synonymes d'un dernier mot de trois lettres.

SCOLYTE ⟶ A

ASSOCIA ⟶ É

BIENFACTEUR ⟶ I

COOPÈRE ⟶ M

COLAIN ⟶ P

TOMPLICE ⟶ C

PARTENAURE ⟶ I

SYNONYMES DE : ....

Monsieur Carter te propose de rassembler tous vos indices pour déterminer quelle momie vous veut du mal.

Recopie tes réponses aux énigmes des pages 98, 100 et 101 dans le bon ordre pour écrire une phrase, puis coche le pharaon qui, selon toi, vous veut du mal.

TOUT EST VN

AMi

☒ Toutankhamon ☒ Aÿ

AMi

Howard Carter est d'accord avec toi. Toutankhamon est mort très jeune, et puisque Aÿ a pris sa place sur le trône, on peut se poser des questions : Aÿ aurait-il conspiré pour devenir pharaon à la place de Toutankhamon ? L'égyptologue réfléchit tout haut et ne remarque pas l'ombre qui avance près de lui.

Trouve à quelle ombre correspond cette momie.

Il s'agit de la momie qui vous avait déjà poursuivis ! Tu supposes qu'il s'agit de Aÿ. Howard Carter ne semble pas vouloir s'enfuir, cette fois. Il essaie de trouver les bons mots pour raisonner l'ancien pharaon.

Aide Carter en repérant cinq mots qui expriment un sentiment dans cette grille. Ils peuvent apparaître à l'horizontale, à la verticale ou en diagonale, à l'endroit ou à l'envers.

T	G	C	O	C	D	Y	U	C
W	R	E	P	E	U	R	C	O
U	I	I	K	V	N	B	X	L
A	R	T	S	E	X	F	Y	E
D	R	Y	U	T	P	I	U	R
E	I	O	J	N	E	R	T	E
E	Q	D	G	O	H	S	K	L
C	F	B	H	H	V	S	S	M
R	E	G	R	E	T	N	B	E

La momie semble hésiter un instant, puis elle recommence à avancer vers vous. Ça n'a pas marché et elle vous bloque l'accès à la seule sortie ! Tu remarques d'ailleurs une inscription juste au-dessus de la porte.

Chaque groupe contient les lettres de plusieurs mots qui ont été mélangés. Remets-les dans l'ordre pour obtenir une phrase.

1. OHANPRUAN

UN PHARAON

2. GEDCNEDIE

DIGNE DE SE

3. ÇORNTEOIM

NOM REÇOIT

4. REGLLOAI

LA GLOIRE

5. MTSDRANAOL

DANS LA MORT

Alors que tu termines de déchiffrer l'inscription, Howard Carter te prend ta lance et l'utilise pour frapper la momie. Aÿ tombe et l'égyptologue en profite pour te tirer jusqu'à la sortie. Vous courez aussi vite que possible dans un nouveau couloir qui vous mène à une pièce gigantesque.

Toutankhamon

Vous continuez jusqu'au fond, où vous découvrez deux sarcophages : celui de Toutankhamon à gauche et celui d'Aÿ à droite. Sur chacun d'eux se trouve un dessin.

Utilise les couleurs que tu veux pour colorier ces deux dessins.

Aÿ

La momie d'Aÿ apparaît derrière vous et Howard Carter te dit de regarder sur la gauche. Une autre momie est là, probablement celle de Toutankhamon. Les deux s'approchent, menaçantes. L'égyptologue te dit qu'il va essayer de les retenir. Tu t'approches des sarcophages. Sur chacun d'entre eux, tu retrouves les dessins des trois amulettes remises par les dieux, ainsi qu'un espace vide.

Trouve les deux amulettes à mettre dans l'espace vide de chaque tableau.

Toutankhamon

Aÿ

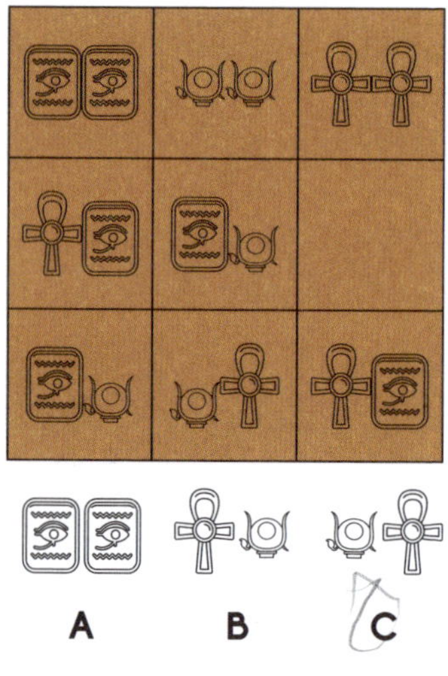

Tu sais maintenant comment ramener l'un des pharaons dans le royaume des morts.

Aide-toi de ce que tu as appris tout au long de ton aventure et de la solution de la page 105 pour faire ton choix.

☐ **Toutankhamon**

Tu glisses l'œil d'Horus et l'amulette remise par Hathor dans l'espace prévu à cet effet sur le sarcophage de Toutankhamon. Le couvercle de ce dernier s'ouvre alors tout seul et tu vois la momie du jeune pharaon s'approcher vers toi.

Rends-toi directement à la page 113.

☐ **Aÿ**

Tu poses délicatement l'amulette d'Hathor et la croix de vie remise par Sobek dans le socle vide du sarcophage d'Aÿ. Son couvercle s'ouvre comme par magie et les momies des deux pharaons se figent tout à coup.

Continue ta lecture à la page suivante.

La momie d'Aÿ avance finalement vers son sarcophage. Arrivée au niveau d'Howard Carter, elle lui glisse quelque chose à l'oreille. L'égyptologue ne bouge pas. Enfin, la momie entre dans son sarcophage et le couvercle se referme. Tu cours jusqu'à ton ami, qui est incapable de parler. Il te dessine quelque chose sur son carnet.

Imagine une superposition de trois de ces dessins pour que la forme soit entièrement colorée. Tu pourras alors lire un mot en partant du haut, dans le sens des aiguilles d'une montre.

Comme pour répondre à monsieur Carter, la momie de Toutankhamon prend la parole pour la première fois. Elle vous dit que même dans la mort, Aÿ ne vous laissera pas tranquilles. Il a lancé sur vous une terrible malédiction. Toutankhamon ne cache pas sa colère. Vous feriez mieux de filer ! Cette salle contient plusieurs portes, l'une d'elles est peut-être une sortie !

Trouve vite la bonne porte en t'aidant de cette indication : la bonne porte est à côté d'une porte rouge et elle ne ressemble à aucune autre.

Tu files vers la porte, suivi de monsieur Carter. Alors que vous courez dans un nouveau couloir, les murs se mettent à trembler. Vous entendez la momie de Toutankhamon crier que vous êtes maudits.

Vous accélérez et passez un virage. Tu aperçois alors une lueur rougeâtre au bout du couloir. La voix de la momie est de plus en plus proche, mais tu es le premier à sortir par une brèche dans le mur. Carter te suit de près et vous faites rouler une lourde pierre devant l'ouverture pour bloquer le passage à Toutankhamon. Il pousse un dernier cri, tout proche, puis le silence retombe.

Tu mets quelques secondes à reprendre tes esprits, avant de lever la tête. Vous êtes en hauteur, sur le flanc d'une petite montagne. À l'horizon, un soleil rouge se lève sur le désert. Vous êtes enfin sorti de ce cauchemar ! Du moins, c'est ce que tu penses, mais le visage pâle d'Howard te rappelle que vous n'êtes pas débarrassés de la malédiction du pharaon.

Te voilà arrivé à la fin de cette aventure. Tu n'as malheureusement pas fait le bon choix et ton futur est plus qu'incertain... Retourne page 109 si tu veux réessayer.

Toutankhamon vient toucher son sarcophage du bout des doigts. Mais avant de s'y installer pour l'éternité, il te remet un morceau de papyrus en te murmurant de t'en servir pour te débarrasser d'Aÿ. Finalement, le jeune pharaon se couche dans le sarcophage, dont le couvercle se referme. Howard ne te laisse pas le temps de rêvasser : il te crie de venir l'aider, car Aÿ est toujours en train de l'attaquer.

Aide-toi du message de Toutankhamon pour repérer les quatre pièges cachés dans cette grille. Ils ne se touchent pas, même en diagonale, et ont tous une taille différente. Les chiffres en haut et à gauche de la grille t'indiquent combien de pièges ou de morceaux de pièges se trouvent dans chaque ligne et chaque colonne. Un piège et un morceau de piège sont déjà placés

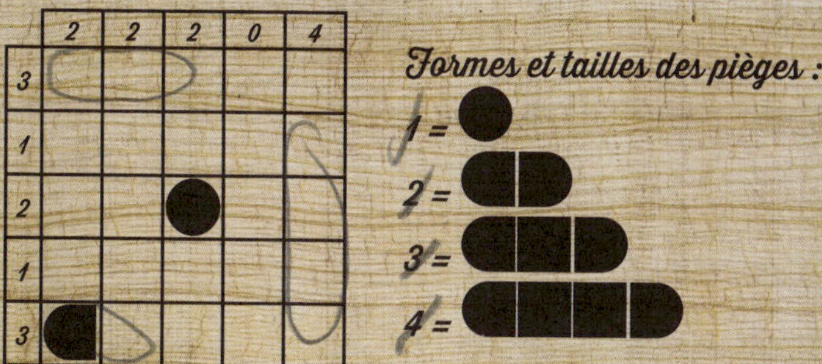

Faites attention où vous mettez les pieds, le carrelage de cette pièce est piégé. En y poussant Aÿ, il ne pourra plus vous embêter.

Si tes calculs sont exacts, l'un des pièges se trouverait justement derrière la momie de Aÿ. Sans réfléchir, tu te jettes sur elle pour la faire reculer d'un pas. Il n'en fallait pas plus : son pied actionne le piège et la dalle disparaît sous ses pieds, la faisant tomber dans un trou totalement noir. Monsieur Carter et toi attendez que la dalle se referme pour reprendre votre souffle. Vous êtes enfin débarrassés de cette momie ! Mais vous feriez bien de quitter cet endroit au cas où elle reviendrait...

Comme pour répondre à ton souhait de partir, les murs du tombeau se mettent à trembler et l'une des portes de la pièce s'ouvre. Tu dis à monsieur Carter de te suivre dans cette direction et vous courez dans les couloirs sur le point de s'effondrer. Au détour de l'un d'eux, tu aperçois une lumière rougeâtre. Tu accélères et tu passes par une fissure dans la roche, qui mène à l'extérieur. Howard sort à son tour, juste avant qu'un éboulement ne vienne définitivement bloquer le passage. Plus personne ne pourra passer par ici, désormais.

Devant vous, un magnifique soleil rouge se lève sur le désert égyptien.

BRAVO !

Tu as terminé ton aventure et tu as fait le bon choix. Toutankhamon a levé la malédiction grâce au repos que vous lui avez rendu.

SOLUTIONS

Page 5

S	F	C	È	P	H	E	Z	D	B	Z	J	Q	O
E	L	O	R	E	S	S	A	C	B	C	J	É	V
T	L	V	G	X	T	F	K	G	F	E	C	L	A
T	D	Y	I	A	G	M	A	T	E	L	A	S	Y
E	L	G	J	T	S	U	W	M	B	M	X	K	È
M	C	U	A	C	R	S	L	N	P	S	P	T	F
U	D	U	P	A	X	E	I	E	T	U	B	E	J
L	P	R	I	S	D	L	P	E	A	A	B	N	I
L	F	D	E	L	G	V	V	Q	T	E	B	T	T
A	K	E	É	J	L	U	B	D	N	T	Q	E	S
Z	F	O	N	A	D	È	C	A	Z	U	E	T	R
V	S	Q	I	V	S	U	R	I	X	O	N	B	V
E	L	O	S	S	U	O	B	E	L	C	S	I	Z
D	T	Z	I	E	J	A	K	B	E	S	A	C	E

Page 6

L'homme s'appelle GEORGE HERBERT.

Page 7

La bonne maison est la B. On pouvait d'abord éliminer la A et la E, dont une a plus de trois fenêtres et l'autre n'en a pas, puis la C, qui n'a qu'un toit, et la D, qui a un toit en ardoise. Enfin, on pouvait supprimer la F, qui est en forme de U.

Page 8

Lord Carnarvon fait des fouilles en Égypte depuis 19 ans.

			=15
2	7	6	=15
9	5	1	=15
4	3	8	=15
=15	=15	=15	=15

Page 9

1) La pyramide de Kheops

2) L'Allée des sphinx

3) Le temple de Karnak

4) Les deux colosses de Memnon

5) Le temple d'Isis sur l'île d'Aguilkia

6) Le temple d'Abou-Simbel et ses quatre statues de Ramsès II

Page 10

Il faut retrouver Carter devant le tombeau KV1.

Page 11

Le bon ordre est D, A, F, C, B, E, G.

Page 13

180 ouvriers.

		180		
	87	93		
	40	47	46	
17	23	24	22	
6	11	12	12	10

Page 14

A. Le Nil est un fleuve (du bleu). Il permet à la végétation (le vert) de pousser au milieu du désert (le jaune) ; B. Horus ; C. Toutankhamon (tout-temps-K-mont).

Page 15

« J'ai découvert un escalier qui descend sous terre. »

Page 16

8 + 10 + 12 + 14 = 44 brouettes seront nécessaires pour dégager les dernières marches. Comme tu n'en as que cinq, il faudra donc faire neuf allers-retours avec toutes les brouettes sauf une, qui n'en nécessitera que huit (9 × 5 = 45).

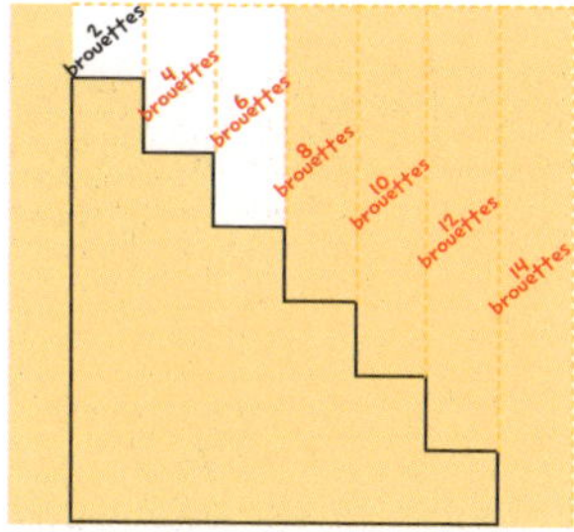

Page 17

« Personne n'est jamais entré dans cette tombe. »

Page 18

En jouant ainsi, tu obtiens trois pions d'un coup.

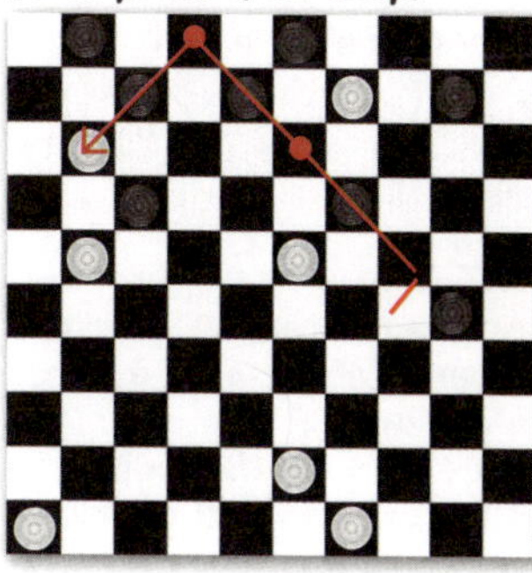

Page 19

« Je vois une lueur d'or. »
Une fois le schéma complété, il faut alterner et lire une lettre en haut, puis une lettre en bas, puis une lettre en haut, et ainsi de suite.

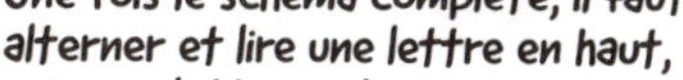

Pages 20-21

Page 22

Page 23

Il y avait au total 180 ouvriers et Howard Carter n'en a gardé qu'un dixième.
Or, 180 ÷ 10 = 18. Un dixième de 180 représente 18 ouvriers. Ils sont donc bien tous là.

Page 24

« C'est une malédiction » (C-une-mal-haie-di-xion)

Page 25

1-D ; 2-E ; 3-B ; 4-A ; 5-C.

Page 26

« Malheur à celui qui troublera le repos du pharaon.»

Page 28

Page 29

A. 57 + 71 = 128 ;
B. 8 × 4 – 6 = 26 ;
C. 54 ÷ 9 + 24 = 30.

Page 30

Les ouvriers se réveilleront dans 8 heures et 33 minutes, puis on ajoute encore 39 minutes pour se préparer et rejoindre le tombeau.
Ils arriveront donc dans 9 heures et 12 minutes.

Page 31

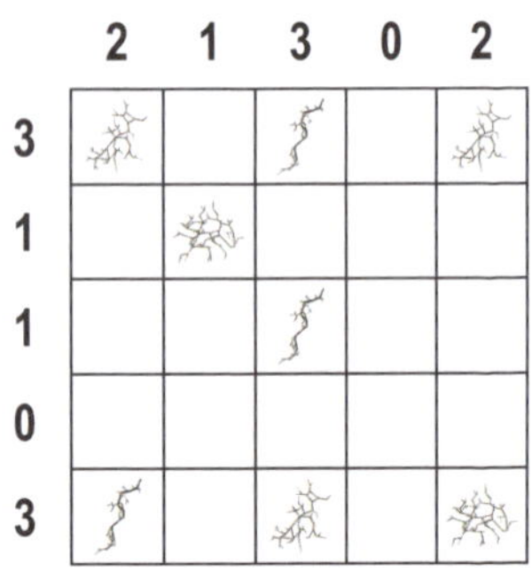

Pages 32-33

1. panier ; 2. vase ; 3. bateau ;
4. lampe ; 5. fauteuil ;
6. flèches ; 7. char ; 8. masque
9. épée ; 10. statuette ;
11. bijoux.

Page 34

Page 35

« Tu l'as trouvé,
le sarcophage ! »

T	U	L'	A	S
T	R	O	U	V
É	,	L	E	S
A	R	C	O	P
H	A	G	E	!

Page 36

« Une momie. »

Page 37

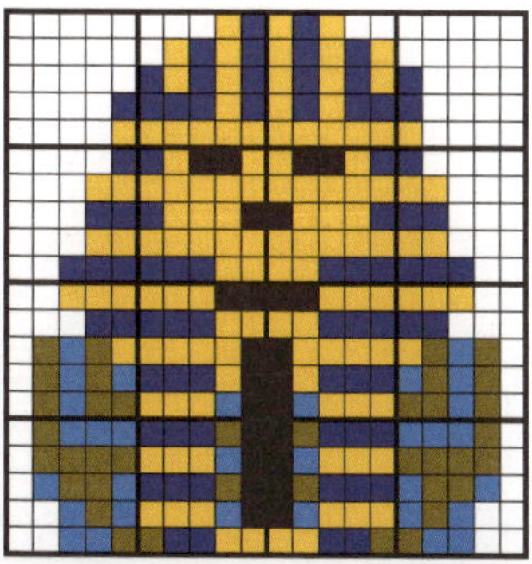

Page 38

« Ressuscité »
(ré-su-cité)

Page 39

« Les embaumeurs chargés du corps du pharaon ont peut-être enlevé son corps et l'ont remplacé par des sacs de sable recouverts de bandelettes. »

Pages 40-41

L'histoire se lit de droite à gauche :

F-2 ; E-5 ; D-1 ; C-6 ; B-4 ; A-3.

Page 42

L'intrus est la boussole, qui est totalement anachronique.

Page 43

Les mots obtenus sont
« autre » et « entrée ».
Il doit y avoir une autre entrée pour accéder au tombeau !

T	O	U	T	A	N	K	H	A	M	O	N
			F	U	I	R					
É	G	Y	P	T	E						
	P	H	A	R	A	O	N				
M	O	M	I	E							

T	O	M	B	E	A	U					
				N	I	L					
	S	O	R	T	I	E					
		S	A	R	C	O	P	H	A	G	E
			D	É	C	È	S				
		D	I	E	U						

Page 44

L'ombre du fauteuil n'apparaît pas.

Page 45

« Le pharaon s'est réveillé et il est en colère.»

Page 46

« Deux.»

Page 47

Le bijou est attaché à la bandelette E.

Page 48

Le bon scarabée est celui-ci, car il porte le chiffre 2 (jeu page 46) et un E (jeu page 47). De plus, le joyau sur son dos est rouge, tout comme celui du bijou trouvé dans le sarcophage.

Page 50

Il y a des traces de pas qui partent vers la droite.

Page 51

« Vous voilà dans l'autre monde. »

VOUS VOILA
DANS L'AUTRE
MONDE

Pages 52-53

Page 54

Page 55

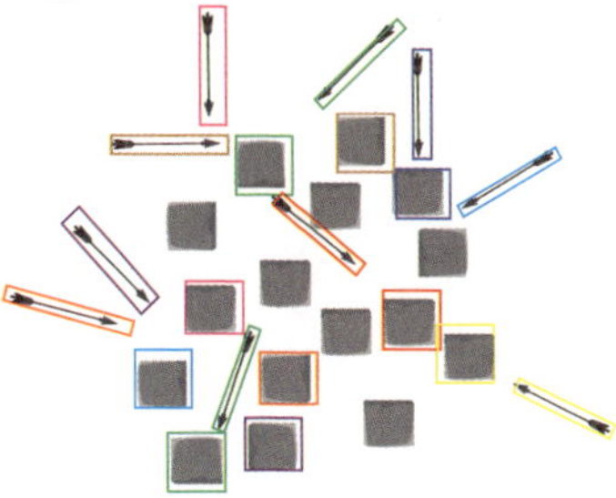

Page 56

Le détail F n'appartient pas à l'image car une montre y a été ajoutée.

Page 57

Un cadenas.

Page 58

La bonne clé est celle-ci. 

Page 59

« RDV au lieu au verso. »

Page 60

Howard Carter t'attend en B8.

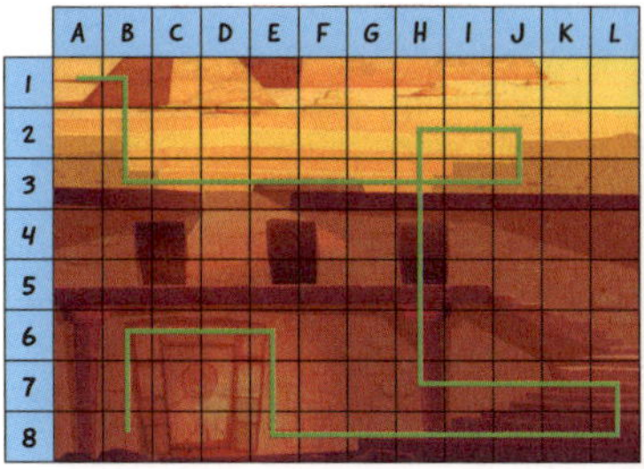

Page 61

S	G	O	H	A	E	S	A	R	A	H	O	A
A	R	A	E	O	G	H	S	C	O	P	S	R
H	C	P	O	G	A	H	P	R	H	H	A	E
P	O	S	R	C	P	P	R	O	C	P	G	E
S	P	H	A	S	R	O	C	R	A	R	O	E
O	H	S	G	P	A	P	E	H	S	R	H	G
R	E	P	E	R	C	O	P	O	E	S	P	E
G	P	C	S	A	R	G	H	A	G	O	G	A

Page 62

« La momie est-elle là ? »

Page 63

Puisque la première indication nous dit que = , sur la troisième indication on peut retirer à gauche et à droite pour ne garder que = . Ainsi, on sait que < < et que < . Le médicament le moins fort est donc le vert.

Pour savoir lequel est le plus fort, il faut regarder à combien de médicaments verts correspond chacun des trois autres médicaments.

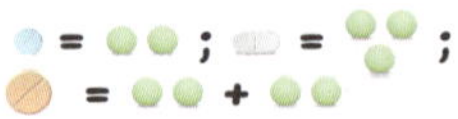

Le médicament le plus fort est donc le comprimé orange.

Page 64

« Une momie m'a poursuivi ! » Il fallait regarder la couleur et le nombre de pierres pour remplacer chaque groupe par une lettre.

Page 65

Il y a 6 différences entre les deux momies.

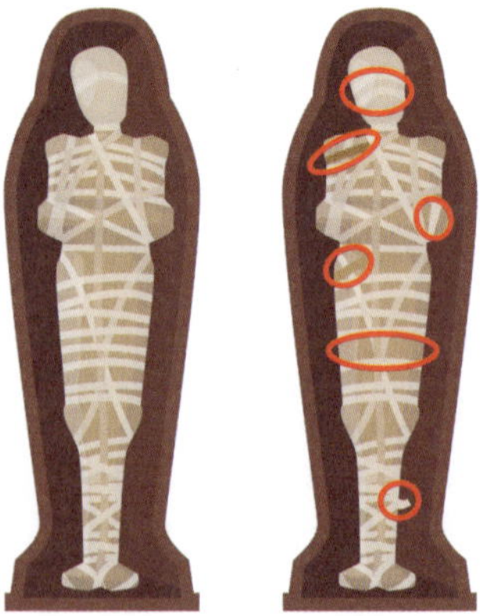

Page 66

Il s'agit d'un grand prêtre.

Page 67

Aÿ était scribe.

S	E	I	B	C	R
R	**C**	B	E	S	I
I	B	**R**	S	E	C
C	S	E	**I**	R	B
E	I	C	R	**B**	S
B	R	S	C	I	**E**

Page 68

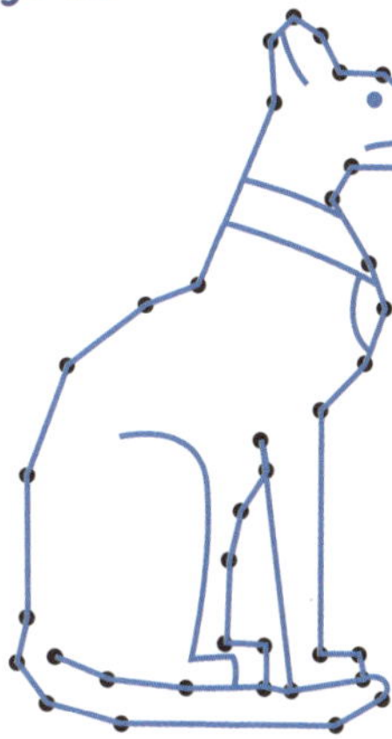

Page 69

Bastet.

Page 70

Page 71

1. Lionne ; 2. Néfertiti ;
3. Sobek ; 4. un puits.

Page 72

« Va vers le nord. »

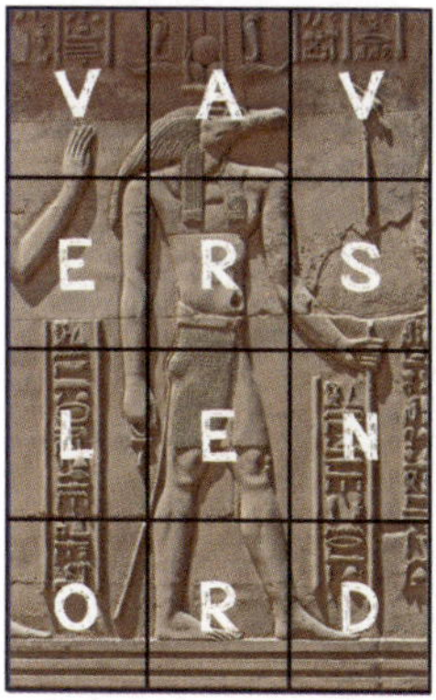

Page 73

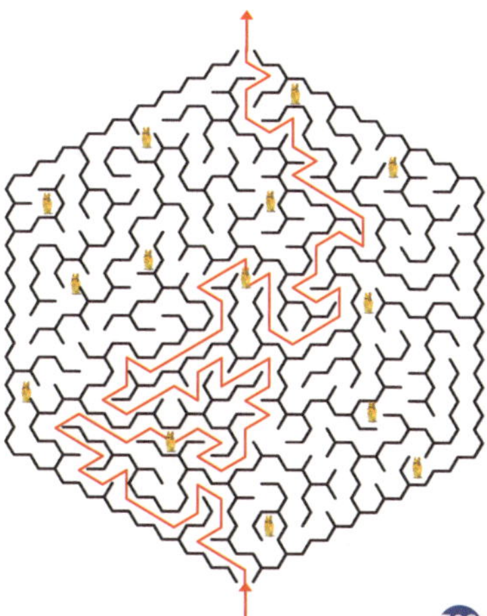

Page 75

Page 76

Comme il y a quatre tuyaux qui crachent chacun 4 m³ de sable par minute, cela signifie qu'il y a un écoulement total de 4 x 4 = 16 m³ par minute, auxquels on ajoute les 10 m³ déjà présents = 26 m³ au bout d'une minute. 58 – 26 = 32 m³ à remplir en plus, qui le seront en 2 minutes puisque 16 x 2 = 32. La pièce sera donc entièrement remplie de sable dans seulement 3 minutes.

Page 77

« Rangez les amphores pour arrêter l'écoulement.»

Pages 78–79

TAILLE	COULEUR	CASE	FORME
GRANDE	GRISE	3	TRIANGULAIRE
MOYENNE	NOIRE	2	HEXAGONALE
PETITE	ROUGE	1	RONDE

Page 80

Page 81

Rê est le dieu du soleil. L'image montre un soleil qui se couche vers la droite. Cela signifie que l'ouest se trouve à droite. Ainsi, le nord, où tu dois aller, est vers le bas. Il fallait donc entourer cette flèche.

↓

Page 82

1 

2 

3 

Page 83

A-1 ; B-4 ; C-2 ; D-6.

Page 84

« Des amulettes conjureront le sort. »

Page 85

Il y a 3 amulettes à retrouver en tout.

9	2	6	8	1	7	3	4	5
8	5	1	3	9	4	7	2	6
4	7	3	2	6	5	8	9	1
6	8	5	1	2	3	4	7	9
7	3	4	5	8	9	1	6	2
2	1	9	7	4	6	5	3	8
5	6	8	4	7	2	9	1	3
3	4	2	9	5	1	6	8	7
1	9	7	6	3	8	2	5	4

Page 86

La prochaine amulette est à récupérer auprès de la déesse Hathor.

Page 87

As-tu repéré les cornes de vache de la déesse page 86 ? Vous devez rejoindre la salle des meuglements, qui fait référence au cri de la vache.

Page 88

Les chemins B et D sont les plus longs, mais le B ne rejoint pas Hathor.
Il faut donc prendre le D.

Page 89

1. U (urial) ; 2. N (narval) ;
3. A (araignée) ; 4. C (cerf) ;
5. F (fourmilier) ; 6. O (ours).
Il s'agit du faucon, et le dieu correspondant est Horus.

Page 91

B	O	B	serpent ou écharpe / céréale	garer (il, p.s.) / grosse colère	G	O	allez ! / bébé en deux lettres	être .... d'admiration / petite tige
chapeau en toile / eux	C	O	B	R	A	serpent à tête large / étrange	B	B
I	prévenir / internet	A	L	2 A	R	M	E	R
L	W	égayer (je, p. s.) / coloré en anglais	É	G	A	Y	A	I
1 S	E	C	pas humide / cri de joie	E	liaison entre deux mots	S	5e lettre de l'alphabet	N
garçon en anglais / grosse souris	B	O	Y	saison chaude / porte chance	E	T	E	descend, décroit
R	poisson / lave	3 L	O	T	T	4 E	unité de commande	B
A	M	O	U	R	affection / ruer (il p. s.)	R	U	A
T	A	U	6 P	E	là / brûle	I	C	I
animal myope / l'ongle du tigre	G	R	I	F	F	E	celle-ci vient juste après celle-là	S
A	8 M	E	à eux	L	E	7 U	R	S
pas le corps / des au revoir	A	5 D	I	E	U	X	juste avant F	E

SALLE DES PLUMES

Page 92

Vous devez aller à droite.

1	0	1	0	0	1
1	1	0	0	1	0
0	0	1	1	0	1
0	1	1	0	1	0
1	0	0	1	1	0
0	1	0	1	0	1

Page 94

A. Vrai ; B. faux ; C. vrai ;
D. faux ; E. faux ; F. vrai.

Page 96

Page 97

Les pavés B et D sont identiques.

Page 98

Tout : 1. T ; 2. O ; 3. U ; 4. T.

Page 99

55 + 65 = 120

59 + 21 = 80

37 + 29 = 66

44 + 32 + 145 = 221

Il faut parcourir 221 mètres.

Page 100

Les deux mots obtenus sont « est un ».

```
  A J O
+ D I E
-------
  E S T

  N E
+ G I
-----
  U N
```

Page 101

Le mot qui relie tous les autres est le mot « ami » (acolyte, associé, bienfaiteur, compère, copain, complice, partenaire).

Page 102

La solution aux trois énigmes donne « Tout est un ami ». « Tout » est le diminutif de « Toutankhamon », c'est donc lui qui est un ami, et Aÿ un ennemi qui vous veut du mal.

Page 103

L'ombre correspondant à la momie est la C.

Page 104

Les cinq mots sont tristesse, peur, colère, joie et regret.

T	G	C	O	C	D	Y	U	C
W	R	E	P	E	U	R	C	O
U	I	I	K	V	N	B	X	L
A	R	T	S	E	X	F	Y	E
D	R	Y	U	T	P	I	U	R
E	I	O	J	N	E	R	T	E
E	Q	D	G	O	H	S	K	L
C	F	B	H	H	V	S	S	M
R	E	G	R	E	T	N	B	E

Page 105

« Un pharaon digne de ce nom reçoit la gloire dans la mort.»

Page 108

Toutankhamon = B et Aÿ = C.

Page 110

Il faut superposer les dessins 1, 3 et 5.

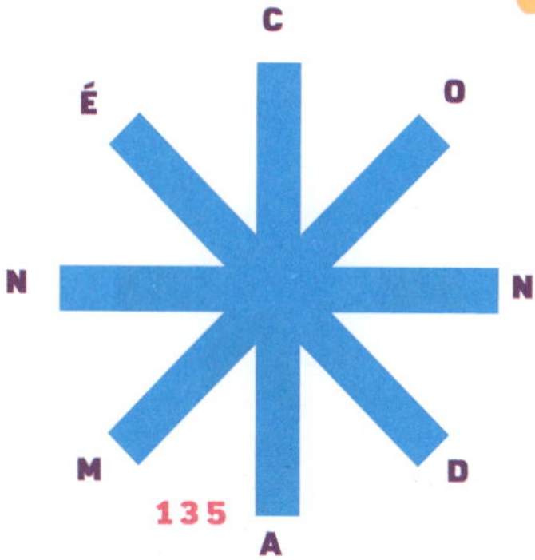

Le mot à lire est « condamné ».

Page 111

La bonne porte est celle-ci :

Page 113

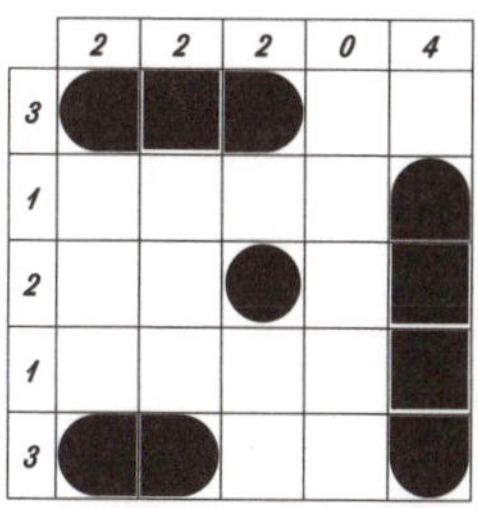

PAPIER À BASE DE FIBRES CERTIFIÉES

LAROUSSE s'engage pour l'environnement en réduisant l'empreinte carbone de ses livres. Celle de cet exemplaire est de :
450 g éq. CO_2
Rendez-vous sur www.larousse-durable.fr

Achevé d'imprimer en Espagne par Grafo
Dépot légal : février 2022 - 329645/01
N° de projet : 11048645 - janvier 2022